现代小学教育管理研究

路月玲 著

吉林摄影出版社
·长春·

图书在版编目(CIP)数据

现代小学教育管理研究/路月玲著.--长春：吉林摄影出版社,2023.5

ISBN 978-7-5498-5821-7

Ⅰ．①现… Ⅱ．①路… Ⅲ．①小学教育－教育管理－研究 Ⅳ．①G627

中国国家版本馆 CIP 数据核字(2023)第 096062 号

现代小学教育管理研究

XIANDAI XIAOXUE JIAOYU GUANLI YANJIU

著　　者：路月玲
出 版 人：车　强
责任编辑：岳青霞
封面设计：刘　芸
开　　本：787mm×1092mm　1/16
字　　数：176 千字
印　　张：8.25
版　　次：2024 年 1 月第 1 版
印　　次：2024 年 1 月第 1 次印刷

出　　版：吉林摄影出版社
发　　行：吉林摄影出版社
地　　址：长春市净月高新技术产业开发区福祉大路 5788 号
　　　　　邮编：130118
电　　话：总编办：0431－81629821
　　　　　发行科：0431－81629829
印　　刷：北京银祥印刷有限公司

ISBN 978-7-5498-5821-7　　　　　定　价：48.00 元

版权所有　侵权必究

前言

在现代的教育管理中,教育要以人为本,教学更要有人文关怀。小学作为学生学习的萌芽阶段,既是一个学生真正意义上接受教育的开端,也是教育教学的根基,还是身心发展的关键时期。因此,小学教育在整个教育体系中具有举足轻重的地位。在现代的小学教育管理体系中,越来越多的小学教育管理者意识到教育管理是直接关系和影响小学教育质量的重要因素,只有提升小学教育管理的水平才能够保证小学教育的科学、可持续发展,并开始注重在小学教育管理中融入更多的人文关怀。

新课程改革的逐步推进促进了小学教育管理的变革,在以生为本教育理念的指导下,当前的小学教育管理发生了较大的变化,但还存在一定的问题。为全面提高小学教育管理实效,促进教育改革工作的进一步发展,助力学生全面成长,本书从现代小学教育管理的角度探讨了新时期小学教育管理的现实困境以及提升管理效率的有效思路,以期能为后续小学教育管理工作的高效开展提供参考。

本书主要介绍了小学教育管理理论基础、小学教育管理体制、小学教育制度管理、小学教育主客体管理、小学基础要素管理、小学教育管理与法律、小学教育资源开发与管理、小学班级管理研究等内容。本书结构合理、思路清晰,紧紧围绕教育发展中的热点问题展开论述,具有一定的科学性、系统性和应用性。本书吸纳了新颖的管理理念和方法,是教育管理学领域的一次探索和创新,对小学教育工作者有学习和参考的价值。

在本书的撰写过程中,参考和借鉴了部分学者和专家的研究成果,在此向其作者表示诚挚的谢意。由于知识水平有限,加上时间仓促,书中难免有疏漏与不妥之处,敬请广大读者批评指正。

目录

第一章 小学教育管理理论基础	1
第一节 小学教育概述	1
第二节 小学教育管理内涵及理论	7
第三节 小学教育管理研究方法	20
第四节 小学教育管理组织	22
第二章 小学教育管理体制	29
第一节 小学宏观教育管理体制	29
第二节 小学微观教育管理机制	30
第三节 教育中介组织的作用	32
第四节 小学教育管理体制改革	35
第三章 小学教育制度管理	39
第一节 小学教育制度管理概述	39
第二节 小学教育制度管理内容	43
第三节 小学教育制度管理实践	48
第四章 小学教育主客体管理	51
第一节 小学教师管理概述	51
第二节 小学生管理分析	59
第五章 小学基础要素管理	63
第一节 小学文化管理	63
第二节 小学形象管理	70

第六章　小学教育资源开发与管理 ……………………………………… 81
　　第一节　小学课程资源与教学管理 …………………………………… 81
　　第二节　小学后勤资源管理 …………………………………………… 86
　　第三节　小学社会资源管理 …………………………………………… 93

第七章　小学班级管理研究 ………………………………………………… 99
　　第一节　小学班主任与班级管理 ……………………………………… 99
　　第二节　小学班级活动的组织与管理 ………………………………… 107
　　第三节　课外活动的组织与管理 ……………………………………… 115
　　第四节　小学生安全教育 ……………………………………………… 120

参考文献 ……………………………………………………………………… 125

第一章　小学教育管理理论基础

第一节　小学教育概述

教育是人类传承文明和知识、培养年青一代的根本途径。对一个国家来说,教育兴则国家兴,教育强则国家强。

一、我国小学教育的历史发展

小学教育通常是指一个国家学制中第一个阶段的教育,也称初等教育,教育对象一般为6~12岁的儿童。小学教育是基础教育,是对全体公民实施基本的普通文化知识的教育,是培养公民基本素质的教育。这种基本的普通文化知识一般包括基础知识和基本技能。

(一)我国古代的小学教育

我国的小学产生于殷周时代。《孟子·滕文公上》说:"夏曰校,殷曰序,周曰庠。学则三代共之,皆所以明人伦也。"据推测,校、序、庠都是当时的小学。西周时期,周天子建立了小学,这种小学设在官府。春秋战国时期,私学兴起,办私学成为一种风气。其中,又以孔子办的私学规模为最大。此后,各朝代不但有官办的小学,也有私办的小学。

(二)我国近现代的小学教育

1878年,张焕纶所创办的上海正蒙书院(1882年改名梅溪书院,1902年正名为梅溪学堂,1912年后又改称梅溪小学)内附设的小班,是我国近代小学的开端。

1897年,盛宣怀创办的南洋公学,分为四院,其中的外院即为小学,它是我国最早的公立小学堂。

1898年5月,清政府下谕,命各省府州县设学堂,并将各州县的书院改为小学堂。这是清末第一次以政府的名义重视小学教育的改革,也可看作清政府下决心推行现代小学的开始。

1904年,清政府颁布了《奏定初等小学堂章程》,奠定了小学教育在"新学制"中的法律地位。《奏定初等小学堂章程》规定设初等小学堂,入学对象为7岁儿童,修业年限为5年。培养目标:"以启其人生应有之知识,立其明伦理爱国家之根基,并调护儿童身体,令其发育为宗旨。"同时,规定初等小学教育为义务教育。

1912年教育部公布小学校令。改小学堂为小学校,分初等小学校和高等小学校。初等小学校招收6岁儿童入学,修业年限为4年。培养目标:"留意儿童身心发育,培养国民道德之基础,授以生活所必需之知识技能。"

1919年小学教育有了较大的变化。小学教育机构统称为小学校,招收6岁儿童入学,修业年限为6年,前4年为初级,后2年为高级,前4年可单独设立,这一学制一直延续到新中国成立。义务教育年限为4年,但各地方可以视实际情况适当延长。

(三)新中国成立以后的小学教育

新中国成立以后,党和政府一贯重视小学教育的发展,普及小学教育就成为党和政府的一贯方针,党和政府曾先后十多次下达文件或指示,要求在全国范围内尽快普及小学教育,并于1986年开始推行九年义务教育。九年义务教育的实施使我国的小学教育从各方面都有了极大的发展,小学教育的水平也有了很大的提高。

二、小学教育的地位

小学教育是整个教育事业的基础,从根本上来说,小学教育是一种基础教育,也是提高整个社会素养的最根本步骤。小学教育是在学前教育的基础上对儿童实施基本的普通文化知识的学校教育,它注重儿童的心智开发和培养,为儿童的终身发展提供全面的、初步的基础教育。

(一)小学教育在实施义务教育中的基础地位

1986年颁布的《中华人民共和国义务教育法》规定,国家实行九年义务教育。义务教育是国家用法律形式予以规定,要求适龄儿童必须接受,国家、社会、学校、家庭必须保证的,强制、免费和普通的国民基础教育。义务教育是面向全体公民的教育,是面向未来的事业。义务教育的普及程度、质量优劣,直接关系到我国经济和社会发展所需的亿万劳动者的素质和各级各类人才的质量,关系到社会全面进步的程度和我国的国际声誉及形象,关系到21世纪中国伟大复兴和中国梦的实现。

(二)小学教育在整个教育体系中的基础地位

一个国家的学校教育体系大都分为若干阶段。我国现行的学校教育制度系统一般包括学前教育、初等教育、中等教育、高等教育、继续教育等几个阶段。其中,初等教育(小学教育)和中等教育(中学教育)都属于普通基础教育,是培养人们生存、生活和发展的基本知识和能力的教育,也是为继续升学或就业培训打好基础的教育。其连贯性很强,但每个阶段又有其独立的性质和任务。因此,小学教育是各级各类教育的基础。从个人来讲,完好的小学教育,为其身心健康发展奠定了基础,同时为其接受中等教育提供了条件。从一个国家来看,只有小学教育普及和提高了,中等教育、高等教育才能逐级普及和提高。从这个意义上讲,小学教育具有为高一级学校、为培养各级各类人才打基础的性质。总之,小学教育既为提高国民素质奠定了基础,又为培养各级各类人才奠定了基础,同时为儿童一生的发展奠定基础。

三、小学教育的作用

(一)小学教育对社会发展的作用

小学教育的发展是整个国家和社会发展的大事,对于社会发展来说具有奠基性的作用。

小学教育是九年义务教育的第一阶段,在实施义务教育中负有直接的重大责任,是提高全民素质教育的基本教育。小学教育的成败,直接关系到国家经济的发展、国民素质的高低、社会的进步以及人民生活水平的提高,与社会发展的关系十分紧密。

(二)小学教育对教育对象的启蒙作用

在整个教育体系中,小学教育占据特殊的地位,是儿童接受学校教育的开端。从人的发展历程来看,小学阶段是最重要的,是长身体、长知识最旺盛的时期,是儿童智力发展的最佳时期,也是个性形成与发展的最佳阶段,这个阶段更是儿童思想品德、行为习惯养成的关键时期。人的兴趣、习惯、志向、性格和智力特点基本上都是在小学阶段初步形成的,这个时期的儿童,记忆力很强,有好奇心,求知欲非常旺盛,他们善于模仿成人社会的生活和事件。因此,小学阶段的教育对于儿童个体终身的发展具有深远的影响。

四、小学教育的特征

小学教育是一项规模宏大的教育奠基工程,除具有一般教育的特点外,还有其自身独具的基本特征。

(一)全民性

小学教育的全民性,从广义上说,是指小学教育必须面向全体人民,这样,才能从根本上提高全民族的文化素质;从狭义上讲,是指小学教育必须面向全体适龄儿童。

在当前,我国的小学教育是全民教育,这是社会主义现代化建设,提高整个中华民族的素质,使全国各民族的所有儿童都接受社会主义教育的需要。

(二)义务性

小学教育面向全体适龄儿童,任何未成年的公民,只要达到一定的年龄(6~7岁),都必须接受小学教育。因此,小学教育在整个教育中具有义务教育的性质,对于每个公民来说,教育机会是均等的,是应当享有的权利。《中华人民共和国义务教育法》第二条规定:"国家实行九年制义务教育。省、自治区、直辖市根据本地区的经济、文化发展状况,确定推行义务教育的步骤。"第四条规定:"国家、社会、学校和家庭依法保障适龄儿童、少年接受义务教育的权利。"

义务教育是国家用法律形式规定的对适龄儿童和青少年实施一定年限的普及的、强制性的、免费的学校教育。小学教育是义务教育,根据《中华人民共和国义务教育法》的规定,它又是强制性的和免费的:"父母或者其他监护人必须使适龄的子女或被监护人按时入学,接受规定年限的义务教育。""国家对接受义务教育的学生免收学费。国家设立助学金,帮助贫困学生就学。"由于小学教育是依国家法律而实施的基础教育,因而它具有强制性。

(三)全面性

小学教育是向全体儿童实施德、智、体、美、劳等全面发展的教育。小学教育既不是就业定向的职业技术教育,也不是培养高层次专门人才的专业教育。它是面对全体儿童实施普通的基础知识和基本技能的教育。在此基础上发展他们的能力,培养他们高尚的思想道德品质和提高他们的身体心理素质,使他们具备国民应有的一些基本素质,为他们进一步深造创造条件。小学教育是培养各级各类人才的前提。小学教育是向全体儿童进行的最基本的知识、技能教育,帮助他们学会如何做人,奠定学习、生活和进一步发展的基础。从某种程度上讲,全面性是专业性的预备。只有保证小学教育的质量,才能确保高一级学校的教育质量。儿童接受小学教育的年龄阶段,既是人生历程的巨大变化时期,也是人的智力、能力和良好习惯形成的最佳时期。

五、现代小学教育观

当今世界,科学技术突飞猛进,综合国力竞争日趋激烈。教育在综合国力的形成中处于基础地位,国力的强弱越来越取决于劳动者的素质,取决于各类人才的质量和数量,这对培养和造就我国21世纪的一代新人提出了更加迫切的要求。

(一)我国现阶段小学教育的目标

《国家中长期教育改革和发展规划纲要(2010—2020年)》指出,坚持以人为本,全面实施素质教育是教育改革发展的战略主题。核心是解决好培养什么人、怎样培养人的问题,目标是培养德、智、体、美、劳全面发展的社会主义建设者和接班人,重点是提高学生的社会责任感、创新精神和实践能力,推进思路是坚持德育为先、能力为重、全面发展。

我国小学阶段培养目标有以下几个方面。

①德育方面:使学生初步具有爱祖国、爱人民、爱劳动、爱科学、爱社会主义和爱中国共产党的思想感情,初步具有关心他人、关心集体、诚实、勤俭、不怕困难等良好品德,以及初步分辨是非的能力,养成讲文明、懂礼貌、守纪律的行为习惯。

②智育方面:使学生具有阅读、书写、表达、计算的基础知识和基本技能,掌握一些自然、社会和生活常识,培养其观察、思维、动手操作和自学能力,以及有广泛的兴趣和爱好,养成良好的学习习惯。

③体育方面:培养学生锻炼身体和讲究卫生的习惯,使其具有健康的体魄。

④美育方面:培养学生的美感,使其具有初步的审美能力。

⑤劳动技术教育方面:培养学生良好的劳动习惯,使其会使用几种简单的劳动工具,具有初步的生活自理能力。

(二)全面推进素质教育

1. 为什么要实施素质教育

我国正处在实现现代化建设战略目标的关键时期。顺应时代要求,振兴我国教育事业,是实现社会主义现代化目标和中华民族伟大复兴的客观需要。《中共中央国务院关于深化教育改革全面推进素质教育的决定》指出:深化教育改革,全面推进素质教育,构建一个充满生机的有中国特色社会主义教育体系,为实施科技兴国战略奠定坚实的人才和知识基础。

2. 什么是素质教育

素质教育是以全面提高人的基本素质为根本目的,以尊重人的主体性为精神,以人为的性格为基础,注重开发人的智慧潜能,注重形成人的健全个性为根本特征的教育。素质教育是指一种以提高受教育者诸方面素质为目标的教育模式,它重视人的思想道德素质、能力培养、个性发展、身体健康和心理健康教育。素质教育与应试教育相对应,但也并非绝对对立的概念,因为两者在词义上本来就并非反义词。我国自改革开放以来,党和国家始终把提高全民族的素质作为关系社会主义现代化建设全局的一项根本任务。

3. 素质教育的基本特点

(1) 全面性

全面性是指素质教育既要实现功能性的目标,又要体现形成性的要求,通过实现全面发展教育,促进学生个体的最优发展。素质教育应该是完善意义上的教育,它是指向全面基本素质的。

素质教育中的"全面发展"有两个方面的具体规定性:第一,对个体来说,它是"一般发展"和"特殊发展"的统一;第二,对班级、学校乃至整个社会群体而言,它是"共同发展"和"差别发展"的协调。

(2) 全体性

从广义上来讲,全体性是指素质教育必须面向全体人民,任何一名社会成员,通过正规或非正规的途径接受一定时限、一定程度的基础教育。从狭义上来看,素质教育就是要为全体适龄儿童开放接受正规基础教育的大门。全体性是素质教育最本质的规定、最根本的要求,做不到这一点,就谈不上素质教育了。

(3) 发展性

发展性是指要着眼于培养学生自我学习、自我教育、自我发展的知识与能力,真正把学生的重心转移到启迪心智、孕育潜力、增强后劲上来。

从本质上说,"发展性"符合"变化导向教育观"的趋势,即把适应变化、学会变化作为教育的重要目标,从"接受教学"(教师奉送答案)向"问题解决"(教师引发思考)转变。教师以鼓励者、促进者、沟通者、帮助者和咨询者等角色发挥作用。

(4) 基础性

基础性是相对于专业(职业)性、定向性而言的。素质教育向儿童、青少年提供的是"基本素质"而不是职业素质或专业素质,是让学生拥有"一般学识"而不是成为某一专门领域的"小专家"或某一劳动职业的"小行家"。

人类蕴含着极大的发展自由度,这就是人的可塑性。自由度越高,可塑性越强;反之亦然。教育是塑造、培育人的事业,如果在基础教育中充斥了定向的、专门化的训练,而不是着眼于把普通的基础打扎实,那就等于抑长趋短,将非特化功能倒退为特化功能,缩小了发展的自由度,抑制了人的可塑性。

(5) 未来性

未来性是指立足于未来社会的需要,而不是仅限于眼前的升学目标或就业需求。一般来说,教育具有较强的惰性和保守性,它总是在努力使年青一代学会老一代的思维、生活和工作方式,因而人们在批评现代学校教育体系的局限性或弊端的时候,往往批评它是根据"昨天"的需要而设计的。素质教育就是要改变教育的惰性和保守性,它的目标是使年青一代适应未来发展的需要。素质教育就是要针对学生的未来和社会的未来。

4. 实施素质教育的途径与方法

从具体层面来讲,素质教育取得显著实效的关键还在于要从具体教育活动的各个环节去贯彻落实,主要途径和方法有以下几个方面。

(1)把教学目的的实现落实到每一个教学环节中去

教学中对学生学习兴趣的激发、学习动机的培养、学习需要的满足、学习方法的指导、学习态度的端正等,也要渗透到教学的目标要求中,要贯穿于课堂教学的每一堂课,乃至每一个环节,这不但是实施素质教育的要求,也是21世纪知识经济时代对教育发展的要求。

(2)构建紧密与生活、生产实际和社会发展相联系的学科内容体系

以往的教学内容的选择与安排,过多地考虑学科内容的完整性和全面性,追求学科体系的系统性和严谨性,而忽视了学科与学科之间的联系,忽视了科学与人、科学与社会、科学与生活之间广泛而又紧密的联系。新的课程内容体系应着力强调要培养学生良好的思想政治素质、道德品质、公民意识和社会责任感,培养良好的心理和健全的人格,培养学生终身学习的愿望和能力、创新精神和实践能力,培养学生健康的体魄和文明卫生的习惯,培养学生健康的审美观和审美能力。

(3)全方位调动学生的主动性和积极性,提高学生学习的质量

全方位调动学生的主动性和积极性,保证学生学习的有效性,提高学生学习的质量,促进学生学习的良性循环,这是人类进入21世纪后的新世纪教育对课堂教学提出的首要任务和核心课题。

(4)最大限度地发挥教师的作用关系到素质教育的成败

适应时代发展要求,充分挖掘教师的潜力,最大限度地发挥教师的作用,仍是提高教育质量的一个重要方面。只有不断更新教师的教育观念,提高教师师德素养,强化教师在职进修制度,进一步提高教师的待遇,优化学校管理,以促进教师整体素质的提高,才能最大限度地发挥教师的作用。

(5)建立多层次、多样化的教学模式

教学目标的层次性、教学内容的多元性、教学对象的复杂性决定了教学模式必须多样化。从不同角度看,教学模式应是各具特点的。这些教学模式既包括学生的行为,又包括教师的行为;既体现学的规律,又体现教的规律;更重要的是体现教与学的对立统一规律,充分反映"教依赖于学、学受制于教"的学与教的有机统一。

第二节 小学教育管理内涵及理论

一、小学教育管理内涵

(一)管理的内涵

1. 管理的含义

在《现代汉语词典》中,"管理"一词的义项之一,就是"负责某项工作使顺利进行"。管理是一种社会现象,凡是有群体共同活动、共同劳动或工作的地方,都需要管理,以指导人们完成或达到共同的目的。

学术界关于管理的概念层出不穷,许多中外学者从不同的研究角度出发,对"管理"做出了不同的解释。比如:"管理是通过计划、组织、控制、激励和领导等环节来协调人力、物力和财务资源,以期更好地达成组织目标的过程。""管理就是由一个或更多的人来协调他人活动,以便收到个人单独活动所不能收到的效果而进行的各种活动。"

综合上述观点,可以简单地理解为:管理就是组织管理者通过对组织所拥有的资源(包括人力、物力、财力)实行计划、组织、领导和控制,更好地达成组织目标的活动。

管理具体包括四项基本职能:

①计划:定义目标、制定战略、开发具体计划以协调活动的过程。

②组织:决定需要做什么,怎么做,谁去做。

③领导:指导和激励所有的个人或团队,有效地沟通以及解决冲突。

④控制:监控活动以确保按计划完成。

任何一个组织都需要管理。任何一种管理活动都包含以下四个基本要素:

①管理主体:谁来管?

②管理客体:管什么?

③组织目的:为何而管?

④组织环境或条件:在什么情况下管?

2. 管理的特性

(1)目的性

明确、可靠、共赏的目标是群体存在、管理行为发出的第一基础。

(2)社会性

首先,管理是一种社会现象,随处可见;其次,社会一时一刻也离不开管理(随处可见所以不可或缺);最后,管理离不开社会,要体现社会的进步要求和提供的可能。

(3)约束性

管理对于对象是有一定的胁迫性的,这种胁迫可以是暴力,也可以是社会舆论等。因为要协调各种资源,就要调整人们的行为。但这种调整会给利益主体带来不同的影响,有时是消极的影响,因此必须有人暂时放弃个人或局部的利益,所谓要顾全大局。当然,一般来说,这种约束带来的伤害可以在群体或组织目标的实现中得到补偿。

(4)手段性或外在性

在很多人看来,管理就是提高效率。事实上,管理本身从来就没有自己的目的,管理永远是手段而不是目的。教育管理包括学校管理如果说有目的的话,就是教育的目的,教育管理应该围绕教育的目的来开展。

(5)主体性

管理是一种认识和改造世界的活动,人的主观能动性、积极性和潜在的力量在一定条件下是完全可以改变的。通过组织调整和行为控制,群体或组织发出的能力大于部分之和。

(二)教育管理的含义、特征与职能

1. 教育管理的含义

教育管理就是管理者通过组织协调教育队伍,充分发挥教育人力、财力、物力等信息的作用,利用教育内部各种有利条件,高效率地实现教育管理目标的活动过程。它是国家对教育系统进行组织协调控制的一系列活动,分为教育行政管理和学校管理。

2. 教育管理的特性

教育管理是教育管理者对教育组织的资源进行有效整合以达到组织既定目标与责任的动态创造性活动。这种活动具有二重性、动态性、科学性、艺术性、创造性和经济型六个特性。

(1)二重性

管理二重性是指管理的自然属性和社会属性。教育管理的目的在于建立一种稳定的秩序和制度,为教学提供良好的环境和氛围,以保证教学活动科学有效地开展,最终促使人的发展。因此,教育管理的自然属性体现在教育管理理论、方法及教育管理的程序性和流程性。而教育本质上是培养人的活动,人具有社会性,且教育活动本身也要受到社会政治经济制度和生产力发展的影响,所以教育管理的社会属性更多地体现在传递社会意识上,通过教育管理活动,使得年青一代掌握社会所倡导的社会意识形态。

(2)动态性

教育管理这类活动的动态性特性主要表现在这类活动需要在动态的环境与组织本身上进行,需要消除办学资源配置过程中的各种不确定性。因此教育管理不是停留在书面上的东西,它是教育管理现实实践过程中的操作。书面上的东西最多是管理实践的总结或理论的推演,它是一种静态的东西,学习管理需要书面上的东西,但更重要的是学会在什么样的状况下如何实施具体的管理。事实上,各个教育组织所处的客观环境和具体的办学环境不同,各个教育组织的目标和办学资源多寡优劣不同,从而导致了每个教育组织中资源配置的差异性,这种差异性就是动态特性的一种派生,表明不存在任何唯一标准的处处成功的教育管理模式。

(3)科学性

教育管理的动态特性并不意味着管理这类活动没有科学规律可循。教育管理活动尽管是动态的,但还是可将其分成程序性活动和非程序性活动两大类。所谓程序性活动就是指有章可循,照章办事便可取得预想效果的管理活动。所谓非程序性活动是指无章可循,需要边做边探讨的管理活动。这两类活动虽然不同,但又是可以转化的,实际上现实的程序性活动就是以前非程序性活动转化而来的,这种转化的过程是人们对这类活动与管理对象规律性的科学总结,管理的科学性在这里得到了很好的体现。对新管理对象所采取的非程序性活动只能依据过去的科学结论进行,否则对这些现象的管理便失去了可靠性,而这本身也体现了管理的科学性。

（4）艺术性

由于教育管理对象分别处于不同年龄段、不同层次、不同的发展需求、不同的资源供给条件等状况下,这就导致对每一具体管理对象的管理没有一个唯一的、静止的模式,特别对那些非程序性的、全新的管理对象,则更是如此。从而造成了教育管理活动的成效与管理主体在管理技巧发挥作用的大小有很大相关性。教育管理主体对其管理技巧的运用和发挥,体现了管理主体设计和具体运作管理活动的艺术性。另外,由于在达成办学资源有效配置的目标与责任的过程中可供选择的管理方式种类多样,因此,如何在现实的管理之中作出合情合理的抉择,这也是管理主体的一种管理艺术性技能的充分体现。艺术性更多地取决于人的天赋与直觉,是一种非理性的东西,管理有时就是一种非理性的活动。

（5）创造性

教育管理的艺术性特征实际上已经与管理的另一个特征相关,这就是创造性。教育管理既然是一种动态活动,既然对每一个具体的管理对象没有一种唯一的、完全有章可循的模式可以参照,那么欲达到既定的组织目标与责任,就需要一定的创造性。教育管理的创造性首先就表现在因材施教上,教育管理者要根据不同的对象、不同的教育情况,机智灵活地运用教育规律,达到最优的教育效果。另外,随着社会的发展,教育管理的创造性还表现在教育管理内容、方式和手段的不断创新上。

（6）经济性

学校办学资源配置是需要成本的,因此教育管理就具有经济性。教育管理的经济性首先反映在办学资源配置的机会成本方面,教育管理者选择一种资源配置方式是以放弃另一种资源配置方式的代价而取得的,这里有个机会成本的问题。其次,教育管理的经济性反映在管理方式方法选择上的成本比较,因为在众多可帮助进行资源配置的方式方法中,其所费成本不同,故如何选择就有个经济性的问题。最后,教育管理是对教育组织资源有效整合的过程,因此选择不同办学资源供给和配置,就有成本的考量。

教育管理的六个特性既相对独立又相互联系,既相互影响又相互作用,是辩证统一的关系。

3. 教育管理的职能

虽然目前人们的说法还不尽相同,但总体来说,主要有以下几方面的职能：

①计划:确定教育事业长期或短期的发展目标,并选择和确定实现这些目标的基本手段

与步骤。

②组织：对教育活动中的人力、财力、物力等进行筹集和调配，并有效地落实任务和确定职责等。

③指挥：让下属明确要干什么和怎么干。

④控制：随时了解和掌握教育工作的进展情况，确保教育活动朝着预定的目标和方向发展。

⑤激励：充分调动师生员工的积极性，增强系统运行的活力和动力。

⑥创新：教育管理作为文化精神和知识领域里的管理活动，不仅是适应性工作，更多的是创造性工作。教育管理者要面对教育系统内、外在的不断变化，适时地更新工作思路，与时俱进地开展各项工作。

（三）小学教育管理的含义

小学教育管理是指运用一定的指导思想和理论，对小学学校教育、教学和后勤总务等事务进行管理的一种社会实践活动。小学教育管理涉及小学教育的组织机构、制度管理、人力资源管理、学生管理、课程与教学管理、后勤资源管理、社会资源管理、文化管理、品牌创建与管理、安全管理和教育科研管理等方面的内容。

我国在实行小学义务教育的时候，不断改革小学教育制度，使之更加符合国家发展的要求、学生发展的特点和教育发展的规律。20世纪90年代以来，我国除了在小学教材上不断进行改革以外，还大力推行素质教育。各地区、各小学都在探索小学素质教育的真正内涵和小学素质教育的发展之路，并取得了一系列可喜的成绩。除了国家在制度层面推行小学教育改革外，课程的改革也取得了显著的成效。小学课程由语文、数学两门课程发展到包括英语、科学、社会和计算机等提高小学生现代科学意识和科技基础知识的课程。而且，教学理念也发生了革命性的变化，由教师为中心到教师为主导、学生为主体，教师为学生服务的思想得到了广大小学教师的认可并能够运用到实践中。教学方法中引入了现代化的多媒体教学，声、光、影真正走进了小学课堂，小学生活更加丰富多彩。

随着人们对教育教学认识的进一步加深，小学的教育更加科学，学生的培养更加符合教育规律。当然，任何改革都不是孤立的，都是对历史的继承和发展，都离不开对历史的考察，因此，考察小学发展的历史，从中探索小学发展的规律是小学改革得以前进的基础。

二、管理基本理论

教育管理要遵循基本的理论，在管理理论方面，有以下一些基本的理论可以参考。

（一）古典管理理论

古典管理理论是19世纪末20世纪初西方管理理论的总称，由泰勒的科学管理理论、法约尔的一般管理理论、韦伯的组织理论构成。后来，厄威克和古立克系统整理，提出了适用于一切组织的八项管理组织原则和七种管理职能，首次将管理的重要性提到应有的地位，把管理看作任何有组织的社会必不可少的因素，是协调集体、努力达到目标、取得最大成效的过程。

1. 泰勒科学管理原理

泰勒对科学管理做了这样的定义:"正是各个要素的集成,而非个别要素,构成了科学管理——科学,而不是单凭经验的方法;协调,而不是分歧;合作,而不是个人主义;最大的产出,而不是有限制的产出;实现每个人的劳动生产率最大化,富裕最大化,而不是贫困。"这一定义,既阐明了科学管理的真正内涵,又综合反映了泰勒的科学管理思想。

泰勒科学管理原理的主要内容,可以概括如下。

(1)工作定额原理

泰勒认为,科学管理的中心问题是提高劳动生产率,要制定出有科学依据的"合理的日工作量",就必须进行工时和动作研究。他认为,企业要设立一个专门制定劳动定额的部门或机构,制定出有科学依据的"合理的日工作量",制定方法是选择合适且技术熟练的工人,把他们的每一个动作、每一道工序所使用的时间记录下来,加上必要的休息时间和其他延误时间,就得出完成该项工作所需要的总时间,据此制定出一个工人"合理的日工作量",这就是所谓的工作定额原理。

(2)为工作挑选"第一流的工人"

泰勒所说的第一流的工人,就是指那些最适合又最愿意干某种工作的人。所谓挑选第一流的工人,就是指在企业人事管理中,要把合适的人安排到合适的岗位上。

对于如何使工人成为第一流的工人,泰勒不同意传统的由工人挑选工作,并根据各自的可能进行自我培训的方法,而是提出管理人员要主动承担这一责任。泰勒指出,健全的人事管理的基本原则是使工人的能力同工作相适应,企业管理当局的责任在于为雇员找到最合适的工作,将他们培训成为第一流的工人,激励他们尽最大的力量来工作。

(3)标准化原理

泰勒指出,在科学管理的情况下,要想用科学知识代替个人经验,一个很重要的措施就是实行工具标准化、操作标准化、劳动动作标准化、劳动环境标准化等标准化管理。这是因为,只有实行标准化,才能使工人使用更有效的工具,采用更有效的工作方法,从而达到提高劳动生产率的目的;只有实现标准化,才能使工人在标准设备、标准条件下工作,才能对其工作成绩进行公正、合理的衡量。

(4)实行差别计件工资制

制定标准定额是整个泰勒工资制的基础。通过大量的工时与动作研究,他把每一项工作都分成尽可能多的简单基本动作,去掉无效动作,并通过对熟练工人操作过程的观察记录,寻找出每一个基本动作的最好最快的操作方法,这就构成了他确定日工作定额的基础。在标准定额的基础上,泰勒建议实行新的工资制度,即差别计件工资制。他认为过去实行的计时工资制和利润分享制都不能从根本上解决问题。差别计件工资制,是在"工资支付对象是工人而不是职位"思想指导下,按照工人是否完成其定额而采取高低不同的工资率。

(5)分离计划职责与执行职责

泰勒主张,由资方按科学规律去办事,要均分资方和工人之间的工作和职责,要把计划职责与执行职责分开,同时在企业设立专门的计划机构。所谓设置"专门的计划机构",实际是设置专门的管理部门。所谓"均分资方和工人之间的工作和职责",实际是说让资方承担管理职责,让工人承担执行职责。这也就进一步明确了资方与工人之间、管理者与被管理者之间的关系。泰勒的这种管理方法使得管理思想的发展向前迈出了一大步,将分工理论进一步拓展到管理领域。

(6)实行职能工长制

泰勒提出"职能式的管理",设计出八种职能工长,来代替原来的一个工长,四个工长在车间,四个工长在计划部门。在其职责范围内,每个工长可以直接向工人发布命令,在这种情况下,工人不再听一个工长的指挥,而是每天从八个不同工长那里接受指示和帮助。

泰勒的职能工长制是根据工人的具体操作过程进一步对分工进行细化而形成的,他认为这种职能工长制度有三个优点:①每个职能工长只承担某项职能,职责单一,对管理者培训花费的时间较少,有利于发挥每个人的专长;②管理人员的职能明确,容易提高效率;③由于作业计划由计划部门拟订,工具和作业方法标准化,车间现场工长只负责现场指挥与监督,所以非熟练技术的工人也可以从事较复杂的工作,从而降低了整个企业的生产费用。

尽管泰勒认为职能工长制有许多优点,但后来的事实也证明,在这种"职能型"的组织结构中,一个工人同时接受几个职能工长的多头领导,容易造成管理混乱,所以"职能工长制"没有得到推广。但泰勒的这种职能管理思想为以后职能部门的建立和管理的专业化提供了参考。

(7)实行例外原则

泰勒认为,规模较大的企业不能只依据职能原则来组织和管理,还要应用例外原则进行所谓的例外管理。所谓例外原则,是指最高管理层对日常发生的例行工作,拟定处理意见和方法,并使之规范化(标准化、程序化),然后授权给下级管理人员处理,而自己主要去处理那些没有或者不能规范化的例外工作(如重大的企业战略问题和重要的人员更替问题等),并且保留监督下级人员工作的权力的一种管理制度或原则。这种以例外原则为依据的管理控制原理,为以后管理上的分权化原则和事业制管理体制提供了基础。

(8)劳资双方密切合作

泰勒在《科学管理原理》一书中指出:"资方和工人的紧密、亲切的合作,是现代科学或责任管理的精髓。"他认为,没有劳资双方的密切合作,任何科学管理的制度和方法都难以实施,难以发挥作用。劳资双方进行密切合作,关键不在于制定什么制度和方法,而是要实现劳资双方在思想和观念上的根本转变。

2.法约尔的一般管理理论

亨利·法约尔是古典管理理论的主要代表人之一,亦为管理过程学派的创始人。他认为,管理理论是指有关管理的、得到普遍承认的理论,是经过普遍经验检验并得到论证的一套有关原则、标准、方法、程序等内容的完整体系;有关管理的理论和方法不仅适用于公私企业,也适用于军政机关和社会团体。这正是一般管理理论的基石。

他的理论概括起来大致包括以下内容。

(1)区别经营和管理

法约尔区别了经营和管理,他认为这是两个不同的概念,管理包括在经营之中。通过对企业全部活动的分析,法约尔指出,任何企业都存在着六种基本活动(或者称之为企业的六项职能),而管理只是其中之一。法约尔将管理活动从经营活动中提炼处理,称其为经营的第六项职能,企业的全部活动或者职能可以分为以下六种:①技术活动(生产、制造、加工);②商业活动(购买、销售、交换);③财务活动(筹集和最适当地利用资本);④安全活动(保护财产和人员);⑤会计活动(财产清点、资产负债表制作、成本核算、统计等);⑥管理活动(计划、组织、指挥、协调和控制)。

法约尔开宗明义地将企业的共性摆出来,然后指出前五种活动都不负责制订企业总的经营计划,不负责建立社会组织、协调各方面的力量和行为,而这些至为重要的职能应属于管理。所以,他定义的管理就是实行计划、组织、指挥、协调和控制。法约尔把管理活动与其他职能分开是独具慧眼的,这对以后管理思想的发展起着重要的作用,使得这一思想成为管理过程学派和组织理论的重要基础。

(2)五大管理职能

在区分了经营与管理的主要区别之后,法约尔又进一步指出,管理就是实行计划、组织、指挥、协调和控制。计划,就是探索未来、制订行动计划;组织,就是建立企业的物质和社会的双重结构;指挥,就是使其人员发挥作用;协调,就是连接、联合、调和所有的活动及力量;控制,就是注意是否一切都按已制定的规章和下达的命令进行。因此,在法约尔看来,管理包括五项职能或者要素。

法约尔提出的管理的五项职能对现代管理学研究提供了总框架,对管理内涵的概括体现了全局性和战略性的特点。直到现在,管理学教材内容的安排在很大程度上都遵循他的理论构架。

(3)十四项管理原则

①劳动分工原则

法约尔认为,劳动分工属于自然规律。劳动分工不只适用于技术工作,而且也适用于管理工作。应该通过分工来提高管理工作的效率。

②权力与责任原则

法约尔将管理人员职位权力和个人权力划出了明确的界限。职位权力由个人的职位高低而来,任何人只要担任了某一职位,就会拥有一种职位权力。而个人权力则是由个人的智慧、知识、品德及指挥能力等个性形成的。一个优秀的领导人必须兼有职位权力及个人权力,以个人权力补充职位权力。

③纪律原则

法约尔认为纪律应包括两个方面,即企业与下属人员之间的协定和人们对这个协定的态度及其对协定遵守的情况。法约尔认为纪律是一个企业兴旺发达的关键,没有纪律,任何一个企业都不能兴旺繁荣。他认为制定和维持纪律最有效的办法是:各级有好的领导;尽可能明确而又公平的协定;合理执行惩罚。

④统一指挥原则

统一指挥是一个重要的管理原则,按照这个原则的要求,一个下级人员只能接受一个上级的命令。如果两个领导同时对同一个人或同一件事行使他们的权力,就会出现混乱。在任何情况下,都不会有适应双重指挥的社会组织。与统一指挥原则有关的还有下一个原则,即统一领导原则。

⑤统一领导原则

法约尔指出,"对于力求达到同一目的的全部活动,只能有一个领导和一项计划。"这就是指统一领导原则。统一领导原则讲的是组织机构设置的问题,即在设置组织机构的时候,一个下级不能有两个直接上级。而统一指挥原则讲的是组织机构设置以后运转的问题,即当组织机构建立起来以后,在运转的过程中,一个下级不能同时接受两个上级的指令。这两个原则之间既有区别,又有联系。

⑥个人利益服从整体利益的原则

对于这个原则,法约尔认为这是人们都十分明白清楚的原则,但是,往往"无知、贪婪、自私、懒惰以及人类的一切冲动总是使人为了个人利益而忘掉整体利益"。为了能坚持这个原则,法约尔认为,成功的办法是:"领导的坚定性和好的榜样;尽可能签订公平的协定;认真的监督"。

⑦人员的报酬原则

法约尔认为,人员报酬首先取决于不受雇主意愿和所属人员才能影响的一些情况,然后再看人员的才能,最后看采用的报酬方式。不管采用何种报酬方式,都应该能做到以下三点:保证报酬的公平;奖励有益的努力和激发热情;不应导致超过合理限度的过多的报酬。

⑧集权与分权的原则

法约尔认为,集权与分权的问题"是一个简单的尺度问题,问题在于找到适合于该企业的最适度"。在小型企业,可以由上级领导者直接把命令传到下层人员,所以权力就相对比较集中;而在大型企业里,在高层领导者与基层人员之间,还有许多中间环节,因此,权力就比较分散。

⑨等级制度和"跳板"原则。

等级制度就是从最高权力机构直到低层管理人员的领导系列。而贯彻等级制度原则就是要在组织中建立这样一个不中断的等级链,这个等级链说明了两个方面的问题:一是它表明了组织中各个环节之间的权力关系;二是这个等级链表明了组织中信息传递的路线。

"法约尔跳板"原理:意指在层级划分严格的组织中,为提高办事效率,两个分属不同系统的部门遇到只有协作才能解决的问题时,可先自行商量、自行解决,只有协商不成时才报请上级部门解决。

等级制度原则与"跳板"原则之间会存在矛盾,因此说,"天桥"不可随意使用,否则组织整体就会面临崩溃,但如果因循守旧、按部就班,则只能对企业造成更大的损害。为此,法约尔指出,当一个职员迫于就某个问题作出决定,并且又得不到上司的帮助和支持时,他就必须具有足够的勇气和自由,根据由整体利益规定的原则作出决定。

⑩秩序原则

法约尔所指的秩序原则包括物品的秩序原则和人的社会秩序原则。对于物品的秩序原则,他认为,每一件物品都有一个最适合它存放的地方,坚持物品的秩序原则就是要使每一件物品都在它应该放的地方。贯彻物品的秩序原则就是要使每件物品都在它应该放的位置上。

对于人的社会秩序原则,他认为,每个人都有他的长处和短处,贯彻社会秩序原则就是要确定最适合每个人能力发挥的工作岗位,然后使每个人都在最能使自己的能力得到发挥的岗位上工作。为了能贯彻社会的秩序原则,法约尔认为首先要对企业的社会需要与资源有确切的了解,并保持两者之间经常的平衡;同时,要注意消除任人唯亲、偏爱徇私、野心奢望和无知等弊病。

⑪公平原则

法约尔把公平与公道区分开来。他认为,贯彻公道原则就是要按已定的协定办。但是在未来的执行过程中可能会因为各种因素的变化使得原来制定的"公道"的协定变成"不公道"的协定,这样一来,即使严格地贯彻"公道"原则,也会使职工的努力得不到公平的体现,从而不能充分地调动职工的劳动积极性。因此,在管理中要贯彻"公平"原则。所谓"公平"原则就是"公道"原则加上善意地对待职工。也就是说在贯彻"公道"原则的基础上,还要根据实际情况对职工的劳动表现进行"善意"的评价。当然,在贯彻"公平"原则时,还要求管理者不能"忽视任何原则,不忘掉总体利益"。

⑫人员的稳定原则

法约尔认为,一个人要适应他的新职位,并做到能很好地完成他的工作,这需要时间。这就是"人员的稳定原则"。按照"人员的稳定原则",要使一个人的能力得到充分的发挥,就要使他在一个工作岗位上相对稳定地工作一段时间,使他能有一段时间来熟悉自己的工作,了解自己的工作环境,并取得别人对自己的信任。

但是人员的稳定是相对的而不是绝对的,年老、疾病、退休、死亡等都会造成企业中人员的流动。因此,人员的稳定是相对的,而人员的流动是绝对的。对于企业来说,就要掌握人员的稳定和流动的合适的度,以利于企业中成员能力得到充分的发挥。像其他所有的原则一样,稳定的原则也是一个尺度问题。

⑬首创精神

法约尔认为,想出一个计划并保证其成功是一个聪明人最大的快乐之一,这也是人类活动最有力的刺激物之一。这种发明与执行的可能性就是人们所说的首创精神。建议与执行的自主性也都属于首创精神。

法约尔认为人的自我实现需求的满足是激励人们的工作热情和工作积极性的最有力的刺激因素。对于领导者来说,"需要极有分寸地,并要有某种勇气来激发和支持大家的首创精神"。当然,纪律原则、统一指挥原则和统一领导原则等的贯彻,会使得组织中人们的首创精神的发挥受到限制。

⑭人员的团结原则

人们往往由于管理能力的不足,或者由于自私自利,或者由于追求个人的利益等而忘记了组织的团结。为了加强组织的团结,法约尔特别提出在组织中要禁止滥用书面联系。他认为在处理一个业务问题时,当面口述要比书面快,并且简单得多。另外,一些冲突、误会可以在交谈中得到解决。

3.马克斯·韦伯的组织理论

马克斯·韦伯对组织管理理论的伟大贡献在于明确而系统地指出理想的组织应以合理合法权力为基础,这样才能有效地维系组织的连续和目标的达成。为此,韦伯阐述了规章制度是组织得以良性运作的基础和保证。

(1)三种权利

韦伯认为,人类社会存在三种为社会所接受的权力:

①传统权力。人们对其服从是因为领袖人物占据着传统所支持的权力地位,同时,领袖人物也受着传统的制约。但是,人们对传统权力的服从并不是以与个人无关的秩序为依据,而是在习惯义务领域内的个人忠诚。领导的作用似乎只为了维护传统,因而效率较低,不宜作为行政组织体系的基础。

②超凡权力。其合法性完全依靠对于领袖人物的信仰,他必须以不断的奇迹和英雄之举赢得追随者,超凡权力过于带有感情色彩并且是非理性的,不是依据规章制度。所以,超凡的权力形式也不宜作为行政组织体系的基础。

③法定权力。它是指依法任命,并赋予行政命令的权力。对这种权力的服从是依法建立的一套等级制度,这是对确认职务或职位的权力的服从。其最根本的特征在于它提供了慎重的公正。

(2)理想的行政组织体系

有了适合于行政组织体系的权力基础,韦伯勾画出理想的组织模式,其具有如下特征:

①组织中的人员应有固定和正式的职责并依法行使职权。组织是根据合法程序制定的,应有其明确目标,并靠着这一套完整的法规制度,组织与规范成员的行为,以期有效地追求与达到组织的目标。

②组织的结构是一层层控制的体系。在组织内,按照地位的高低规定成员间命令与服从的关系。

③人与工作的关系。成员间的关系只有对事的关系而无对人的关系。

④成员的选用与保障。每一职位根据其资格限制(资历或学历),按自由契约原则,经公开考试合格予以使用,务求人尽其才。

⑤专业分工与技术训练。对成员进行合理分工并明确每人的工作范围及权责,然后通过技术培训来提高工作效率。

⑥成员的工资及升迁。按职位支付薪金,并建立奖惩与升迁制度,使成员安心工作,培养其事业心。

韦伯认为,凡具有上述六项特征的组织,即表现出高度的理性化,其成员的工作行为也能达到预期的效果,组织目标也能顺利地达成。韦伯对理想的组织模式的描绘,为行政组织指明了一条制度化的组织准则,这是他在管理思想上的最大贡献。

(3)理想的行政组织的管理制度

韦伯认为,管理就意味着以知识和事实为依据进行控制,领导者应在能力上胜任,应该依据事实而不是随意地来领导。他指出,最纯粹的应用法定权力的形态是应用于一个行政组织管理机构的。只有这个组织的最高领导由于占有、被选或被指定而接任权力职位,才能真正发挥其领导作用。

(二)行为科学管理理论

行为科学是由人际关系学说发展起来的,它和心理学有密切的关系,而现代的管理心理学和组织行为学是行为科学的主要组成部分。行为科学起源于乔治·埃尔顿·梅奥以及霍桑实验对人性的探索。

1. 霍桑实验与人际关系学说

霍桑工厂设备完善,福利优越,具有良好的娱乐设施、医疗制度和养老金制度,但是工人仍有强烈的不满情绪,生产效率也很不理想。为了探究其中的原因,1924年美国国家研究委员会组织了一个包括各方面专家在内的研究小组,对该厂的工作条件和生产效率的关系进行了全面的考察和多种试验。试验对人际关系学说和行为科学的创立有很大的作用,试验是在梅奥的主持下进行的。整个实验前后经过了四个阶段:工场照明试验;继电器装配室试验;大规模的访谈;接线板接线工作室试验。

霍桑实验的研究结果否定了传统管理理论对于人的假设,表明了工人不是被动、孤立的个体,他们的行为不单纯受工资的刺激,影响生产效率的最重要因素不是待遇和工作条件,而是工作中的人际关系。据此,梅奥提出了自己的观点。

(1)工人是"社会人"

古典管理理论仅仅把人看作自私自利的"经济人",这种"经济人"的所有活动只是为了追求个人利益的最大化。然而霍桑实验则证明人是一个"社会人",而不是"经济人",人是复杂的社会系统中的成员,每一个人都有自己的特点。工人的工作除了受科学管理所强调的工作方式和工作条件的影响之外,还受到工人的家庭、社会生活和工作中人与人的关系的影响。也就是说,工人必须完成其社会职能,才能高效地完成经济职能。因此,提高工人的劳动生产率要从社会系统的角度来调动员工的积极性。

（2）企业中存在非正式组织

梅奥认为，人具有社会性，在企业的共同工作当中，由于共同的地理位置关系、亲戚朋友关系、情趣爱好关系等，人们相互联系，这种联系会让彼此之间更加了解，自然而然会形成一种相对稳定的非正式组织。非正式组织可以保护工人减少因内部成员疏忽和非正式组织以外的管理人员干涉而造成的损失。

梅奥等人认为，任何一个机构中，非正式组织都是存在的，非正式组织与正式组织相互依存，而且正式组织中的层次和部门不会对非正式组织产生影响和限制。非正式组织对企业而言有利有弊，其缺点是可能集体抵制上级的政策或目标；优点是使个人有表达思想的机会，可以提高士气，促进人员的稳定，有利于信息沟通，有利于提高人们的自信心，并减少工作中的紧张感，能扩大协作程度。作为管理者的一方，要充分认识到非正式组织的作用，并进行适当的引导，注意正式组织的效率逻辑与非正式组织的感情逻辑之间的平衡，利用非正式组织为正式组织服务。

（3）新型的领导能力在于提高职工的满足程度

梅奥在霍桑实验的基础上认为，工作条件、工资报酬并不是决定生产效率高低的首要因素，首要因素是公认的士气，而工人的士气又同满足度有关，满足度越高，工人的士气就越高，生产效率也就越高。所以，新型的管理者的管理能力在于提高职工的满意度，以鼓舞职工的士气，提高劳动生产率。

2. 行为科学理论

随着时间的推移，霍桑实验的影响逐步扩大，人际关系学说也开始进入企业。许多心理学家和管理学家认识到人才是管理永恒的主题，人的行为会随着时间、空间、环境因素、心理因素的变化而变化，他们开始从人的行为和心理的角度展开研究，形成一系列的理论，这就使行为科学理论由人际关系学说逐步发展起来，成为西方管理论的一个重要流派，为管理学的发展开辟了一个崭新的领域。

目前，行为科学的主要研究内容包括四个部分：一是个体行为研究。这是科学分析研究企业组织中人们行为的基本单元。在个体行为这个层次中，行为科学主要用心理学的理论和方法研究两大类问题：一类是影响个体行为的各种心理因素；另一类是关于个性的人性假说。二是动机与激励理论。社会心理学家和行为科学家认为，人的行为都是由动机引起的，而动机是由于人们本身内在的需要而产生的，能满足人的需求活动本身就是一种奖励。三是群体行为研究。群体行为在组织行为学中是一个重要的问题，群体行为研究主要探讨群体作为一种非正式组织的群体的特征、群体的内聚力等。四是组织行为。行为科学家认为，一个人的一生大部分时间是在组织环境中度过的。人们在组织中的行为即称为组织行为，它建立在个体行为和群体行为的基础上。通过对人的本性和需要行为动机及在生产组织中人与人之间的关系的研究，总结出人类在生产中行为的规律。

（三）后现代教育管理思想

随着时代的发展和社会状况的变化，现代教育管理研究中合理性的一面越来越少，而其不合理性的一面却越来越多,其研究上的弊端也越来越为人们所认识。于是,教育管理领域的一些学者开始把目光投向后现代主义,试图运用后现代主义的基本观点研究教育管理。在这种情况下,后现代教育管理思潮应运而生。

以后现代主义的观点审视教育管理研究的学者众多,著名的有格林菲尔德、霍基金森、麦克西、舒里奇、英格里西等人,他们从组织观、研究领域、认识论、权力观等方面探讨了后现代主义教育管理。

1. 格林菲尔德关于教育组织主观理论的主要内容,包括如下三个方面:

第一,组织是人们创造的社会现实。格林菲尔德认为,组织不是物,不是自然实体,是一种被发明的由人类创造的社会现实,这种观点被称为组织的"人类发明论"。

组织的人类发明论所持的观点明显不同于传统的组织观点。在该理论看来,既然组织不是独立的自然实体,也就无所谓组织的目标,而只有个人的目标。表面上的组织目标只是权力、意志或者价值的表达。组织的结构也不是实在的,不是固定的或预先建构好的,而是组织成员相互作用的产物。个人不是组织实现目标的工具。组织是个人实现个人目标的工具,在组织内部,人们所忙于的各种活动,从根本上说都是为了表现自我,或是为了控制他人。

第二,教育管理是"价值关涉"的。格林菲尔德认为,人们在追求一套有关管理的普适的、客观的和"科学的"真理的过程中,忽视了诸如道德、价值和义务等方面的很多重要的东西,这种忽视导致的严重后果就是管理科学不具有科学性,它无力处理组织生活中所包含的那些道德的和存在主义方面的问题。他提出用一种广义的科学概念来取而代之,把管理科学看成是具有价值并从属于价值的科学,它将彻底摒弃决策和组织本身可以为科学所控制的观念,科学不再是为了更强有力的控制,而是赋予人们一种更深刻的洞察。

第三,教育管理学的研究要采取文学艺术的认识方式。格林菲尔德认为,对于教育管理世界的探索而言,文学艺术的认识方式较之科学的认识方式更为恰当和有效。科学认识采取的是事实取向的立场,它注重的是逻辑和实证,是一种系统经验主义的认识方式。而文学艺术认识是指对人的情感的、艺术的、审美的和道德评价的认识,它本质上是一种人文认识。这种认识抛弃了操纵主义,它强调对现实进行根本的强有力的洞察、理解和鉴赏,它是描述性的、非理性的,没有明显的逻辑和推理。

格林菲尔德关于主观组织理论的三个方面是一个有机整体,其中组织的"人类发明论"在其理论体系中处于核心地位,而其他两个方面的认识都是以其为基础发展出来的。

2. 研究领域上:教育管理价值论

与格林菲尔德相似,霍基金森也主张教育管理是"价值关涉"的,并对管理中的哲学、价值等问题进行了更为系统和深入的研究。教育管理价值论大致包括以下几个方面的内容。

(1)管理是行动的哲学

这一命题是霍基金森的基本观点。在讨论这一命题时,霍基金森对哲学从学院的、二元的、经典的、实践的四种含义上进行理解。

①学院含义上的哲学是一种研究的学问,它分为本体论、价值论和认识论三个方面。

②二元含义上的哲学则把哲学领域理解为两个部分,即逻辑和价值,前者研究事实、结构、一致性与连贯性、因果关系、解释系统等,而后者则借助于价值考察,研究从伦理道德到各类复杂的动机中的所有价值问题。

③经典含义上的哲学是指"爱智慧"。从这种意义上理解哲学,要对价值和管理进行哲学意义上的审视,"行动哲学便完全意味着实践的智慧或智慧的管理"。

④哲学在实践上的含义是指,哲学的作用是对政策进行系统说明。因为政策制定者们各怀先入之见进行讨论,任何决策都包涵价值成分,任何决策都是一种价值综合体的象征。

霍基金森指出,在以上四种重要的含义上对哲学做出区分是"可能的,也是合理的",更加确定了"管理是一种行动哲学的定义"。他认为,若哲学家不会成为管理者,那么管理者必须成为哲学家。

(2)管理的中心议题是与价值相关的哲学问题

霍基金森认为,人们在实际生活之中往往只注重提高组织的效率,强调领导管理中的技术方面,却忽视了组织领导和管理中的人文和价值因素。他认为,管理无法避免地根植于价值,价值影响着管理历程的每个阶段,政策的制定不存在"白板状态","毫无偏见"就像"科学客观性"一样,只是一种神话。

3.教育管理的性质:教育管理是一种道德实践

既然教育管理是价值关涉的,那么教育管理的实践就是一种道德实践,这方面有代表性的观点,除了前述霍基金森强调"教育领导是一种道德艺术"外,还包括法扎罗等人提出的"学校管理是一种道德实践"、米荣等人提出的学校领导是一种转变型的"道德领导"。

对权力进行深入探讨的典型的后现代学者,其代表人物是福柯。福柯认为,权利是关系性的。权力既不是给予的也不是转让的,而是用来运作的,权力是一种力量关系,是多元的、复杂的和网状的。福柯认为权力是生产性的。"权力能够生产,它生产现实,生产对象的领域和真理的仪式,个人及从他身上获得的知识都属于这种生产。"权利关涉知识。福柯认为,知识和权力是密切相联的,知识是和社会中权力的分配密切相关的,权力支持特定的认识方式,从而强化其在社会中的地位,知识是权力负载的,权力关涉知识的生产。话语实践是联系知识和权力之间的桥梁,话语并非仅指口头语言和书面语言,它包括演说、文本、认识、争论和陈述等,话语使得知识得以具体化,从而具有权力的效果,对话语的控制是权力的一种来源,权力的运作是通过话语实践进行的。

第三节 小学教育管理研究方法

一、思辨研究

思辨研究是哲学认识的一种基本方式。从历史的角度看,思辨研究不仅比教育管理学的实证研究和实地研究出现得更早,而且甚至可以说,正是思辨研究催发了教育管理学的诞生,推动了教育管理学的形成和发展。思辨研究之所以能在教育管理学中长期存在,一个重要的原因就在于,思辨研究方式在教育管理研究中具有一定的必要性和合理性。

矛盾思维的方法、归纳与演绎的方法、分析与综合的方法、具体与抽象的方法以及历史与逻辑的方法,这五种方法是思辨研究最常采用的方法。教育管理研究中的思辨研究方法是一种强调运用这五种方法,通过概念操作、抽象推理和逻辑论证来获得结论、认识事物和揭示本质的研究类型,具有沉思、重思和否思等引人注目的特征。

思辨研究方法本身也存在缺陷,主要表现在:研究者有可能陷入自我思辨和"独白"的泥潭,有可能因孤芳自赏而成为"井中之蛙"。

二、实证研究

实证研究方法是以对经验事实的观察为基础,建立和检验知识性命题的各种方法的总称。实证研究方法一般采用价值中立的态度,也就是在研究的过程中,研究者不可以用自己特定的价值标准和主观好恶来影响资料和结论的取舍,从而保证研究的客观性。

实证性研究作为一种研究范式,产生于培根的经验哲学和牛顿与伽利略的自然科学研究。法国哲学家孔多塞、圣西门、孔德倡导,将自然科学实证的精神贯彻于社会现象研究之中。他们主张从经验入手,采用程序化、操作化和定量分析的手段,使社会现象的研究达到精细化和准确化的水平。孔德《实证哲学教程》六卷本的出版,揭开了实证主义运动的序幕,在西方哲学史上形成实证主义思潮。

实证主义所推崇的基本原则是科学结论的客观性和普遍性,强调知识必须建立在观察和实验的经验事实上,通过经验观察的数据和实验研究的手段来揭示一般结论,并且要求这种结论在同一条件下具有可证性。

根据以上原则,实证性研究方法可以概括为通过对研究对象大量的观察、实验和调查,获取客观材料,从个别到一般,归纳出事物的本质属性和发展规律的一种研究方法。具体而言,实证研究方法包括观察法、谈话法、测验法、个案法、实验法。

①观察法:研究者直接观察他人的行为,并把观察结果按时间顺序系统地记录下来,这种研究方法就叫观察法。

②谈话法:研究者通过与对象面对面的交谈,在口头信息沟通的过程中了解对象心理状态的方法。

③测验法:通过各种标准化的心理测量量表对被试者进行测验,以评定和了解被试者心理特点的方法。

④个案法:对某一个体、群体或组织在较长时间里连续进行调查、了解、收集全面的资料,从而研究其心理发展变化的全过程,这种方法称为个案法(个案研究)。

⑤实验法:研究者在严密控制的环境条件下有目的地给被试者一定的刺激以引发其某种心理反应,并加以研究的方法称为实验法。

实证研究方法也有一些劣势,主要在于:

①忽视了个体存在本身的意义和价值。

②机械僵化地分离了事实与价值的关系。

③过分渲染和突出通用性知识的重要性。

④仅仅有限地研究那些能够科学地予以研究的问题。

三、实地研究

与思辨研究和实证研究方式不同,实地研究的生命力在于"脚踏实地",它高度关注和力求回答的不是所谓的纯理论问题和科学性问题,而是力图对现实中的管理行为和实践问题予以理性的反思和阐述。

实地研究是指教育管理研究者离开自己熟悉、习惯和珍视的教学科研场域,较长时段地"沉入"到相对陌生的研究对象的生活环境中去,采用参与观察和非结构访谈等获取资料的方法,系统详尽地描述、理解乃至批判和反思研究对象的物理及精神特征、思想信念与行动逻辑的相对松散的研究方式体系。

实地研究主要有以下特点:①实地研究重视研究者亲临"实地"考察,重视通过与研究对象的交往对话来获取研究资料;②实地研究十分重视研究者在整个研究过程中的作用,强调研究者具有高度的主动性和能动性,实地研究者应将个人的风格与个性浸染于实地研究之中;③实地研究重视从整体的和历史的角度来认识和理解研究者与被研究者的关系;④实地研究强调从过程的和建构的视角来观照和阐释事件及其意义;⑤实地研究有利于将研究的重点从注重构建理论体系和形成严密科学,转移到注重探究那些与人们日常生活有密切关系的重大现实问题上来。

第四节　小学教育管理组织

一、组织与学校管理组织

(一)组织的含义与特征

1. 组织的含义

从广义上说,组织是指由诸多要素按照一定方式相互联系起来的系统。从狭义上说,组织就是指人们为实现一定的目标,互相协作结合而成的集体或团体,如党团组织、工会组织、企业、军事组织、教学管理组织等。狭义的组织专门指人群而言,运用于社会管理之中。在现代社会生活中,组织是人们按照一定的目的、任务和形式编制起来的社会集团,组织不仅是社会的细胞、社会的基本单元,而且可以说是社会的基础。

2. 组织的特征

组织是在共同目标指导下协同工作的权责群体。其特征可以概括为以下几点:

①有明确的目标。没有目标的群体就不是组织,而仅是一个人群。目标是组织的愿望和外部环境结合的产物,所以组织的目的性不是无限的,而是受环境影响和制约的,这个环境包括物质环境及社会文化环境,有了目标后组织才能确定方向。

②拥有资源。这种资源主要包括五大类:人、财、物、信息和时间。

③分工、分层次。一个人工作,不需要组织;两个人就需要分工;三个人一起工作要有一个领导者,负责指挥。人数再多,多到一个指挥者照顾不过来的时候就要分层次。由此可见,分工、分层次也是组织的基本特点。

④一定的权责结构。不同层次的区分在于有不同的权力和责任,由负有不同责任的领导进行指挥。这种权责结构表现为层次清晰,任务有明确的承担者,并且权力和责任是对等的。

(二)学校管理组织的含义和意义

学校是有计划、有目的、有组织的专门从事教育教学活动的社会机构。学校组织与其他组织有共同之处,同时也有独特性。学校管理组织就是按照一定管理目标要求将职务、岗位、人员结合起来,形成层次恰当、结构严密的有机整体。她是学校教育管理权的表现形式和开展管理活动并发挥其功能的基础。

学校组织的存在至少有三点意义:

①为人类提供简约的成长机制(成长效率高而且全面,知识能力素质)。

②为人类提供健康、纯洁的环境。

③为人类提供交往的平台,实现文化认同。

(三)学校管理组织的特性和职能

1.学校管理组织的特性

(1)自主性

小学作为一个组织,一个行为主体,在许多方面具有按照自己意愿行事的自由。尤其是随着教育均衡化发展、标准化发展、一体化发展的落实,学校资源配置的到位,学校的发展也将从外延式的发展进入内涵式的发展。自主发展成为学校内涵发展的必然;成为优质学校突破自身瓶颈,走教育质量化、特色化的必由之路;成为薄弱学校摆脱依赖,增强内在发展力,创造自我特色的需要。

当然,走学校自主发展之路不是不对学校进行管理和约束,而是在落实教育方针、规范办学行为等基本条件下发挥校长和教师的自主能动性,走自我管理、自我创新、自我发展的道路。

(2)多样性

小学学校作为一个组织,在许多方面都具有多样性。依据组织行为学理论,学校的结构、角色定义、行使权力的方式、交流机制、调节机制、各个行动者介入的程度等,都具有多样性的特征。依据学校管理理论,学校如何构建,如何运作,从人、财、物和时间调适等方面,也可以看到学校的多样性。学校之间生活质量上的差距、课程的差别、师资的差异、学校效能上的差距等,也具有多样性。还有学校多种多样的学业评估与学业指导实践。学术课程中的分班、学业评估的考察标准等,无一不体现了学校组织的多样性。

(3)松散性

学校组织是一个松散结合的系统。学校教学系统具有自身教学行为的相对独立性,原因在于:其一,学校教学系统要在遵循教学的规律和学生身心发展的规律的基础上进行教学和育人;其二,每一位专业化的教师在其专业范围内从事着高度个性化的工作,并且在不同的教学情境中针对不同的学生因材施教,教学工作具有高度的艺术性、创造性。因而,学校管理层对教师的教学工作很难实行严密的、统一要求的、落实到分秒和每一处的监控。并且,随着教育改革的深化,学校教学越来越强调充分尊重教师的专业权利。即教师在课堂上、在教学和育人过程中有如下专业权利:教学内容的设计、教学内容的组织与实施、教学方法的选择、学习评估、教学反馈等。因此,学校教学系统具有松散结合性,这种特性进而从整体上决定了学校组织的松散结合性。

(4)自组织性

组织的自组织性是组织目标调整的结果,以维护组织的生命力,这也是组织升级的要求。越是高级的组织,自组织性越强。

对于学校来说,更应该具有自组织性,因为学校在社会和人的变化中要不断地翻新表达形式。因此,在一定程度上可以认为,作为特殊的组织,学校对外在的政府行政管制应当有天然的抗拒品质:知识是自组织性的;教师是自组织性的;各种关系是自组织性的。

2. 学校管理组织的职能

学校管理是通过协调学校中人的活动,实现教育目标的过程。其组织职能是通过组织工作协调人们的活动,实现教育目标。由此可见,组织最基本的特点是分工、分层次。不同层次的区分在于有不同的权力和责任,由负有不同责任的领导进行指挥。

(四)学校管理组织的原则和模式

1. 学校管理组织的原则

根据组织的特点,建立学校管理组织必须遵循的原则有:实现教育目标原则、分工原则、教育管理组织应该分层次原则、组织应该信息畅通原则、合理结构原则等。

学校管理是一种特殊的管理活动,学校管理的根本点在于育人,实现教育目标。所以在建立组织时,个人与个人之间、各级与各级之间、各部门与各部门之间都应该有明确的职责权限。要做到人人有事做,时时有人管。在注意分工的前提下注重协作。分工是为了明确各职位责任,没有分工就没有责任制,没有协作就没有整体效益。并且职责范围必须明确,凡属职责范围内的事,工作人员必须完全负责,这样才有利于教学,有利于教育,有利于学生成长。

2. 学校管理组织的基本模式

管理机构的组织结构模式反映和规定了管理机构之间的相互关系和权力的作用方式。一般来说,学校管理的组织有直线型、职能型、直线职能型、事业部制型和矩阵型五种结构。

(1)直线型组织结构模式

直线型组织结构模式是最简单、最原始、最直接的一种组织结构形式。其特点是:指挥和命令从组织的最高层到最低层次,按垂直系统直线排列,各级主管人员对所属下级拥有直接的一切职权,组织中每一个人只能向一个直接上级报告,即"一个人,一个头儿",不设专门参谋(职能)机构。一般采取一人管辖数人的形式,层层设置,形成一个等级系列。因其结构形式呈"金字塔"形,所以又称其为金字塔式组织结构。

学校是由校长、主任和教研室负责人等构成的垂直权力组织。直线式模式的优点在于组织机构简单,上下关系明确,便于实行统一指挥。不足之处就是上层与下一级两层领导的任务沉重,领导必须具备多种才能,并且精力沛才能胜任。因此,如果是小学校,这种组织形式比较合适,但对于一些规模比较大、管理要素比较多的学校便不太适宜。

(2)职能型组织结构模式

职能型组织模式即每一级领导管理机构都根据不同的管理任务、业务和职能,建立起若干职能部门(可以由多人组成),每个职能部门分别承担某一方面的管理任务和职能,这些职能部门接受上级组织的领导和本部门负责人的指挥,并有权向下一级机构下达命令和指示,下一级则必须服从。这种模式的优点在于可以使领导机构的主要负责人从各项具体的管理事务中解脱出来,集中精力考虑有关全局的战略性问题,同时能够从各职能部门获得专业化的"参谋"和咨询,有助于作出正确的决策。

(3)直线职能型组织结构模式

这一组织结构模式又称"直线—参谋制"。这种模式既能保持直线制模式的指挥链,同时又把直线指挥系统和职能系统有机结合起来。其职能管理人员是直线指挥人员的助手,只能对下级进行业务指导,而不能对他们进行直线指挥和命令。

(4)事业部制组织结构模式

事业部制组织结构模式首创于20世纪20年代美国通用汽车公司,后为规模较大的企业管理所普遍采用。其特点是:在总公司下面分别按产品种类设立若干个事业部,每一个事业部相当于一个分公司,拥有经营管理上的自主权和独立性,即有自己独立的产品和市场,独自进行生产和销售,并要完成公司制订的一定利润计划。这种组织结构形式最突出的特点是"集中决策、分散经营",即总公司集中决策,事业部独立经营。

(5)矩阵型组织结构模式

矩阵型组织结构模式又称"规划—目标结构"。它是由纵横两套管理系列所组成的一种长方形(矩形)组织形式。其中,一套系列是按管理任务和职能而划分的相对固定的纵向系列,另一套系列是为实现某一特殊任务或目标而抽调部分人员,尤其是专业人员所组成的横向系类。这些专业人员来自正规的组织单位,他们在纵向系列上仍然受原单位的领导与管理,同时又在横向系列上受项目负责人的管理。这一组织结构是美国公共行政专家古利克提出的组织原理的拓展。它不是创造一个正规的、永久的组织,而是发展一个适应项目研究或项目完成的亚组织,目的是为了解决特别的问题。该结构中既有"指挥—职能"的领导关系,也有"项目—目标"的领导关系。每一个项目(或课题)由一个项目负责人负责,全体成员接收双重领导,即在执行日常工作方面接收原单位或原职能部门的领导,而在执行项目任务方面则接受项目负责人的领导。

矩阵组织模式的优点是:打破了传统的"一个下属只接受一个领导命令"的指挥原则,使"权力由垂直变成水平",加强了各职能部门之间的横向联系,使上下左右、集权分权得以最佳组合,特别是有利于促进专业技术人员相互合作,协同作战攻克复杂难题。这一管理组织模式比较适合运用于高科技部门和高等院校。目前一些大学所建立的跨学科联合体,正是借助了矩阵结构的优越性。但这种组织结构也会大大加重主管领导的负担,因为校长既要抓垂直组织的工作,也要抓横向部门的工作,管理范围扩大了,同时各种组织关系的复杂程度也加大了。这就要求主管领导要有综合性的协调能力,精力更充沛,而且管辖的部门之间要有很强的协调能力,否则会不断出现问题,同样不能提高工作效率。

以上五种组织结构模式没有绝对好坏优劣之分,采取哪一种模式,必须从不同组织管理系统的特性、目标和功能出发。

二、小学学校管理组织机构

我国小学现行的组织结构,从宏观上可以分为两个系统:一是校长领导下的审议结构、行政结构、教学组织、生产组织和办事结构,包括校务委员会、校长办公室、教导处、总务处、政教处、各教研组、年级组、班级等;二是党支部(规模较大的学校设党总支)及其领导下的党的基层组织和群众组织,包括党小组、教育工会、教职工代表大会、少先队、学生会等。

(一)行政组织设置与职责

1. 校长、副校长

校长是学校的最高行政负责人,副校长协助校长分管各项工作。关于小学校长、副校长的职位人数,目前理论界的普遍看法是,20个班以上的大型学校,可以设1正2副或1正3副;18个班到12个班的中型学校,可以设正副校长各1人;12个班以下的小型学校,只设校长1人。

2. 校务委员会

校务委员会简称"校委会"。它是由校长主持的,由学校各方面的负责人员和部分教师代表组成的,以会议形式审查研讨学校管理重大问题的审议性组织机构。校委会既不是决策机构,也不是咨询机构,而是审议性组织机构(如果是决策机构那就限制了校长负责制下校长的权利,如果是咨询机构,那就丧失了其应有的严肃性和职能)。校长在对学校管理重大问题进行决策时,必须经过校务会议的审查研讨。当多数委员与校长的意见一致时,校长可以批准并执行,当多数委员与校长的意见不一致时,校长虽然具有最终的决定权,但是必须慎重考虑,谨慎从事,而且原则上要对所议问题缓办,以待复议。校委会的组成人员主要有正、副校长,正、副党支部书记,教导主任,政教主任,总务主任,工会主席,团委书记,大队辅导员以及部分教师代表等。

3. 校长办公室

校长办公室只是校长领导下的处理日常校务工作的具体办事机构。一般的小学都不设校长办公室,而只设一名专职秘书或干事,在规模特别大的学校才设立校长办公室。校长办公室的主要职责是收发文件、处理公文、通知会议、协调督办、内外联络、搞好服务。

4. 教导处

教导处是校长领导教育、教学工作的核心职能部门。教导处具体由教导主任负责。教导主任一般应由教学经验丰富的教师担任。教导主任是校长领导教育教学工作的主要助手,教导处是全校教学管理的中枢机构。

教导处及教导主任的主要职责是:做好教师和班主任的配备工作;领导教研组和教师制订教学计划,督促和检查教学计划的执行情况;编制校历,制定上课时间表、作息时间表、全校统一活动时间表、每周活动日程表等,以建立正常的教学秩序;参加备课和听课活动,帮助教师总结教学经验,提高教学质量;组织教师进行观摩课教学和业务进修,不断提高教师的教学水平;通过听课、检查作业、抽查试卷等渠道,了解分析学生的学习态度、学习效果,协调和控制学生的作业负担量;抓好学生的课外学习和课外活动,分析学生的智能和兴趣情况,促进学生身心健康发展;组织和检查图书仪器等教学设备的管理和使用,改进教学环境和教学手段;领导班主任制订工作计划,检查班主任工作计划的执行情况;指导学生团队活动和学生会工作等。

关于教导主任的职位人数,一般认为,在20个班以上的大学校,可设1正2副;在12至18个班的中型学校,可设正、副主任各1人;12个班以下的小型学校,只设主任1人。在一些规模更小的学校,不设教导处,只设教导主任。

5. 总务处

总务处是校长领导和管理学校总务后勤工作的中心职能部门。总务处由总务主任具体负责。总务处及总务主任的主要职责是:了解教学需要,做好教学工作的物资保障和后勤服务工作;建立健全资产管理制度,加强对学校固定资产的维修、保护和管理,提高设备的利用率;按照财务制度管理学校财务工作,做到少花钱、多办事;安排好师生员工的生活,办好伙食,搞好卫生保健工作;配合教导处具体组织安排师生的生产劳动等。关于总务处主任的职位人数,一般认为,20个班以上的大学校可设1正1副;中型学校可设主任1人;小型学校不设总务处及总务主任,只设1名事务员。

6. 政教处

改革开放以后,一些地方在规模较大的小学中设立了政教处。其职能是把原属教导处管理的教职工思想政治工作和学生德育工作等划归过来,实施统一管理。政教处重点对口管理的是由班主任组成的年级组工作。需要说明的是,在教育部颁发的文件中并无这一机构的出处和依据。因此,我们认为规模较大的学校如确实需要,可以设立政教处,但一般情况下应从严控制。

7. 教研组

教研组也称学科组,它是教学研究组织,而不是行政组织。教研组一般以学科为单位,教师人数过少的几个相邻学科可以合在一起,组成教研组,如政史地组、音体美组等。教研组设教研组长负责其工作。

教研组长的主要职责是:制订教研组工作计划,协调教学进度;组织教师钻研教材,开展集体备课;安排教师互相听课,组织观摩教学,交流教学经验,切磋教学技艺;深入课堂听取学生对本组教师教学的意见,帮助教师改进教学方法,提高教学水平;开展教学改革试验,推进教学改革。

8. 年级组

年级组主要由同一年级的班主任教师组成,设年级组组长。年级组组长的主要职责是:领导班主任,研究班主任工作规律,加强改进班级管理工作;研究各班学生的思想品德状况,加强和改进学生的德育工作;组织和协调全年级的社会活动、文体活动、家长会活动等大型集体活动。

9. 班级

班级是学校的基层单位,班主任是班集体的组织者和教育者。班主任的主要职责是对学生进行政治思想教育,组织和指导全部学生的学习,抓好班级纪律,指导班级的团队工作,组织学生参加各种社会活动等。

(二)党群组织设置与职责

1. 少先队

少先队是中国少年儿童的群众性组织。其主要任务是教育队员"好好学习,天天向上",成为"有理想、有道德、有文化、有纪律"的一代新人。

2. 教育工会组织

学校中的工会组织是学校教职工代表大会闭会期间的常设机构,也是全校教育工会会员的领导机构。学校中的工会组织,既要接受上级教育工会组织的领导,同时也在学校党支部和校长的领导与指导下开展各项活动。工会组织的主要职责是配合党组织和行政组织搞好教职工的政治、文化和业务学习,做好教职工的团结工作和生活福利工作。

学校工会组织的性质是团结广大教师的纽带和桥梁,在学校领导和教职工之间起"中介人"和"润滑剂"的作用,一方面,把教职工的各种建议、意见和呼声及时地向学校领导反映反馈,并协助学校领导认真地予以解决;另一方面,团结教育教职工识大体、顾大局,使教职员工能够和学校党政班子保持一致、团结一心、同舟共济,共同促进学校的建设和发展。

第二章 小学教育管理体制

教育管理体制是教育领域中关于机构的设置、隶属关系以及权限划分等方面的制度。我国的小学教育管理体制属于国家义务教育阶段,具有经济学意义上的"公共产品"的属性,同时,也是整个国家宏观教育管理体制的一个重要组成部分。一般来说,研究小学教育管理体制,可以从宏观的国家教育管理体制和微观的学校内部管理机制两方面展开探讨与分析。

第一节 小学宏观教育管理体制

宏观教育管理体制,体现国家对教育事业的统一领导与协调,所要解决的问题是中央政府、地方政府及各级各类学校领导和管理教育事业的根本制度安排,其主要管理内容涉及对教育事权的领导权力的分配、教育机构设置等事项。

一、教育管理体制的概念界定

在我国,教育管理体制的含义比较宽泛,大致包括了各级各类学校办学主体的规定、各级各类教育行政机关的组织建制、各级各类教育机构之间的管理权限的划分,以及各级各类教育机构管理活动的运行机制及人员配备等。

二、教育管理体制基本属性

(一)教育管理体制的基本功能

教育管理体制,从静态层面上理解,它是一种教育系统内部的组织体系;从动态层面上理解,它既是一种运行机制,也是一种教育管理事权的分配与管理安排。两者构成了一个统一体。国内有学者归纳了教育管理体制的四大功能:一是领导和指挥的功能;二是权力分配功能;三是分工协调功能;四是提高效率功能。领导和指挥功能,主要是指实现国家对教育的统一安排,体现国家对教育的意识形态安排;权力分配功能,主要是指正确解决中央和地方管理教育的关系,正确解决教育行政部门和学校的关系;分工协调功能,主要是指理顺各教育管理主体间的权、责、利的分配与归口;提高效率功能,则是教育管理体制的根本目的所在,教育管理体制的根本目的是提高教育管理的效率,离开了效率原则,教育管理体制的改革就变得毫无意义。但是,正如"科学发展观"理念所倡导的一样,提高效率不能以牺牲公平为基础。社会的发展必须在科学的可持续健康发展理念的指引下,实现又好又快发展。教育事业属于社会事业的一个重要组成部分,具有公益的性质,教育事业又是提高人口素质、增进社会福祉的基本手段,因此,教育管理体制的良好运转,不仅要以是否提高效率为衡量标准,也必须十分重视教育公平、教育机会均等等一系列问题的解决程度。

(二)教育管理体制的基本要素

为了有效地发挥教育管理体制的功能,实现"效率"与"公平"的目标,构建现代学校教育管理制度,首先要对构成教育管理体制的主要要素进行分析。教育管理体制的基本要素包含以下几个方面:一是政校关系。即各级教育行政机构与学校的关系,学校内部党的组织与行政组织的关系。政校关系的明晰与否,将直接影响到办学主体与学校产权的明晰与否。二是职能发挥。发挥某种特定的教育、教学或管理职能,是教育管理体制存在的根据。三是权限划分。职能的有效发挥,必须依托一定的权力。同时,必须明确权力的界限与责任、义务的承担主体。四是机构设置。机构设置体现了权限划分,是权限划分的基本形式,包括教育行政机构设置与学校内部机构设置两方面。

(三)教育管理体制的基本类型

一个国家的教育管理体制的形成与演变,必然会受到该国历史、文化传统、经济和政治、社会体制等多种因素的影响。因此,教育管理体制不是一成不变的。正确理解教育管理体制的概念,必须把它放置于具体国家的政治、经济、历史和文化等大背景下考察。鉴于世界各国政治、经济、文化和行政体制的不同影响,根据中央和地方分配教育事权程度的不同,可以把教育管理体制大体分为中央集权制、地方分权制以及中央地方合作制三种模式。

第二节 小学微观教育管理机制

教育管理权限集中或者分散,各有利弊。但总体来说,赋予学校更大的自主权,赋予小学更多的办学权力,以激发社会各界的办学积极性,正在成为世界范围内人们的共识。随着放权力度的增加,中央教育部门将权力下放给谁,下放的程度如何,便成为亟待解决的现实问题。因此,与宏观教育管理体制相配套的,必须是完善合理的学校内部微观教育管理机制,其中,最为主要的三个方面是领导体制、人事管理体制和财务管理体制。

一、小学内部教育领导体制

小学内部领导体制是我国小学校内部管理的根本制度。它规定了学校机构设置及其相互关系等,涉及由谁来领导并负责全校的工作,由谁来行使学校的决策权、指挥权的问题。因此,它直接支配着学校的全部管理工作,是直接影响学校全局工作的关键因素,是办好学校必须首先研究的问题。

进入21世纪以来,我国教育管理学界日益呼吁学校的治理应从"治理"走向"善治"。作为我国基础教育重要组成部分的小学教育,"善治"的根本在于建立合理高效的学校领导体制。建立合理高效的学校领导体制根本目的在于促进学生更好地发展。目前,我国绝大部分公立小学实行的领导体制是校长负责制。校长负责制是符合我国国情,经过实践检验的适合我国小学管理的重要制度。校长负责制主要是指学校工作由校长统一领导、全面负责的学校组织制度。它的主要内涵包括:校长统一领导,全面负责;党组织起政治核心地位和监督保证作用;教职工代表大会进行民主管理和民主监督。实行校长负责制有利于加强和改善党对学校工作的领导;有利于加强学校的科学管理;有利于加强学校的民主管理,调动广大教职员工参与学习管理的积极性。

同时,时代的不断发展对社会与教育提出了新的要求,建设知识型社会,促进素质教育全面发展要求校长负责制度作为学校核心的领导体制也必须与时俱进,持续改善,实现善治的目的。另外,我们也必须意识到,合理的校长负责制是一个动态的概念。第一,必须处理好党的领导和行政领导的关系。让党的领导通过政策、路线和组织安排的政治领导保证办学的社会主义性质,对办学路线、办学目标、办学过程起到监督与保障作用。第二,必须合理有效地处理好个人负责和集体负责的关系。校长负责制明确了学校的责任归属,并要求实行民主管理。第三,必须走向现代学校管理制度。借鉴现代企业制度,校长负责制的发展空间是巨大的。有效地明晰、落实学校管理的决策权、执行权、监督权,建立更加合理的校长任免机制、校务议事机制、民主监督机制是现代校长负责制的基本要求。

二、小学内部教育人事管理体制

在宏观教育管理体制的安排下,我国教育行政主管部门与学校的关系主要通过人事安排、经费管埋等方面体现。有学者指出,政府教育职权主要体现在经费、人事和业务管理等领域,具体包括以下职权范围:

①确保教育经费投入并监督其使用去向。

②行使对学校的人事权。

③行使对学校的业务监督权。

人事与经费关系着学校办学的命脉,因此,小学人事与经费管理体制是内部管理体制的重中之重。

教师质量的高低,决定了教育质量的高低,而教育质量是关系着学校办学与发展的生命线。合格、高素质的教师队伍是小学内部人事管理的重心所在。完善对教师的聘任制度,则是小学师资管理的核心。小学教师是专业人员,不是每个人都可以当小学教师。小学教师必须具备一定的教育教学理论知识,具备担当某一课程授课的专业水平和任教资格,同时,还必须熟悉小学生身体和心理特点,熟悉教育教学方法;对于不能胜任小学教职的人员,应该建立有效的解聘制度,赋予学校领导层对教师的解聘权力;对于有较高教育教学水平、师德高尚的教师,要建立考核和培训机制,促进优秀教师更加快速成长。同时,建立小学师资队伍能进能出、能上能下的选拔任用机制。

三、小学内部财务管理体制

小学教育财政管理,其核心是教育经费的筹措、分配与使用。从根本上讲,教育财政就是要使教育经费"来""去"合理、科学可行、有效。因此,小学教育经费的筹措、分配和使用成了小学教育财政管理运行的全过程。教育经费使用得当与否,使用的效益如何,将大大影响一所学校的办校效益与办学质量。

(一)小学的财务管理权

我国公立小学的教育经费,总体上分为预算内教育经费和预算外教育经费。在预算内教育经费中,又包括教育事业费和教育基本建设费两大类。教育事业费是指国家财政拨款中用于维持教育事业正常运转的经常性经费,按用途分,可分为公用经费和人员经费;教育基本建设费是指教育经费中用于教育固定资产方面的各项投资。在我国公立小学中,政府的预算内教育经费是构成小学教育经费的主要来源。

(二)多方筹措教育经费

不同类别、性质的学校,其教育经费的来源有很大的差别。

搭建多元化的教育经费来源体系,可以在一定程度上改善学校的办学条件,提高学校的办学效益。在建立多元化教育经费来源体系的同时,我们也应该重视构建学校内部的教育经费监管机制,防止教育经费的流失与不规范操作,提高教育经费使用效益,真正将有限的教育经费用在促进学生的发展上。

第三节 教育中介组织的作用

自20世纪90年代初以来,随着社会主义市场经济体制的逐步建立,经济和社会诸领域出现孕育中介组织生存与发展的肥沃土壤。受改革开放和市场体制影响,我国教育管理体制改革日益深化,这在客观上必然引发从宏观到微观、从组织人员到职能运作、从观念到行动等方面的不断转变和调适。为顺应政府转变职能的要求,完善教育公共治理机制,《国家中长期教育改革和发展规划纲要(2010—2020年)》明确提出了"完善教育中介组织的准入、资助、监管和行业自律制度"之要求。由此可见,教育中介组织对教育管理体制改革有着极为重要的影响。

一、教育中介组织的概念与内涵

从系统论的角度分析,所谓"中介",是指两个或多个系统或者系统的构成要素间的中间媒介。其间,人处在社会系统中,人对社会系统中物质、能量和信息的流动实施控制,其本质上属于管理的范畴。同时,人们对社会领域中的事务实施管理时,必须强调彼此之间的密切合作和交流,因此,为满足这一要求,一种旨在沟通和协调社会不同领域或管理机构之间关系的中间型组织应运而生。由于该形式的组织一般独立于管理职能部门之外,且被视为不同系统或构成要素之间中间媒介的具体化和机构化,故称之为"中介组织"。

"中介组织"最早是由《中共中央关于建立社会主义市场经济体制若干问题的决定》所提出的一个概念。关于其内涵,有学者认为:社会中介组织是一个在特定政府经济管理模式,它是指所有在"政府与社会合作"的政府经济管理模式中,能够在政府调控社会、经济发展的过程中起沟通政府和经济主体之间的关系、平衡各方利益冲突的"中介作用"的组织。

综上所述,我们可从三个层面来理解"教育中介组织"的内涵:一是从政府职能转变和推进教育管理体制改革的角度来认识教育中介组织,强调它在实现教育决策科学化和民主化进程中的作用;二是从依法治教的角度来定位教育中介组织,强调它在推进我国教育法制化进程中的意义;三是从建立与市场经济相适应的教育体制出发理解教育中介组织,强调其在提供社会化专业服务方面的功能。

二、教育中介组织的演进与性质

20世纪80年代以来,随着政府职能的转变及学校办学自主权的落实,教育中介机构在我国应运而生。中共中央和国务院印发《中国教育改革和发展纲要》,其中明确提出:"为保证政府职能的转变,使重大决策经过科学的研究和论证,要建立健全社会中介组织,包括教育决策咨询研究机构、高等学校设置和学位评议与咨询机构、教育评估机构、教育考试机构、资格证书机构等,发挥社会各界参与教育决策和管理的作用。"

在国家的鼓励和推动下,一批承担教育督导评估、决策咨询、信息管理、考试认证和资格评审等功能的教育中介机构逐渐形成,它们分担了由政府分离出来的咨询、评估、监督等职能。

随着市场经济对社会整体影响的扩大和教育体制改革的进一步深入,教育领域本身不断发生着各种重大变革。国家鼓励社会捐资和集资办学,并逐步下放教育管理权,使得民办教育迅速发展,教育供给呈现多元化的态势。21世纪开始施行的《民办教育促进法》第六章规定:教育行政部门及有关部门可以组织或者委托社会中介组织评估民办学校的办学水平和教育质量;同时,国家支持和鼓励社会中介组织为民办学校提供服务。民办学校对自身办学效益极为关注,它们为教育中介组织提供了巨大的生存和发展空间。在此阶段,教育中介组织的产生源于基层学校对改善自身的需要,源于学生和家长对优质教育的需要。此外,社会各界对政府提供优质教育的要求,使教育行政部门倍感压力,这种压力转换为政府对专业的中介组织的需要。由此可见,教育中介组织的创生动力出现了从高层至基层的转移。在此阶段,民间自发形成的教育中介组织开始出现,它们在民政部门登记为"民办非企业单位",具备独立的法人资质,并为学校提供各类信息和咨询服务。

三、教育中介组织的建构与职能

就现实而言,在我国东部地区,经过改革开放多年的发展,人们对教育中介组织的认识也在不断深化之中,各种类型的教育中介组织已经得到相当程度的发展。具体来看,在认识方面,针对市、区(县)教研室行政色彩过于浓厚的现象,有人建议将教研室建成一种政府指导和监控学校教学业务的中介性机构;针对基础教育督导中存在的表面化和庸俗化弊端,有人提议改变目前的教育督导和评估模式,建立一种社会化中介性的教育评价机构。在实践领域,伴随着教育管理体制改革的不断深入,有些地方萌生了一类介于政府与学校之间的中介性监控机构。如在个别市、区,与政府的"简政放权"相配合,一些学校尝试建立了"校事监督委员会"。该委员会由政府主管部门代表、捐资助学人士、教工代表和家长代表组成,负责学校重大问题的咨询和审议工作,并监督校长的办学和管理活动。当然,这种中介性的监控机构还不是一种制度化的设置,它与政府主管部门、校长和教代会之间,存在着定位模糊和权责不清等问题。

上述建立中介性监控机制的实践探索,可对调整政府与学校之间的权力配置关系有所启迪。众所周知,一方面,在政府落实学校办学自主权之后,如何在校长负责制之下有效监控校长行使职权,一直是一个十分棘手的难题;另一方面,尽管"转变职能"的体制改革口号响彻云霄,但转变职能的落实却一直步履维艰。因此,要真正实现"简政放权,转变职能,政校分开"的教育管理体制改革目标,就应在政府与学校之间创设一类政府授权或委托的教育中介组织,使之发挥起决策咨询、监督评价和业务指导等方面的作用。

四、进一步培育教育中介组织

如何进一步调整学校与政府、学校与社会之间的权责利关系,乃当今教育体制改革和建立现代学校制度的一大难题。教育中介组织的合理建构和有效运作,即为破解此困局的关键所在。为此,政府宜采如下基本策略,以促进教育中介组织的合理建构和有效运作。

(一)加强立法监控

教育中介组织的生存和发展必须建立在法律的坚实保障之上。应加快对教育中介组织立法的进程,明确规范教育中介组织的地位、形式、性质和作用。这不仅可以为教育中介组织的发展和运作提供可靠的法律保障,而且能够提高教育中介组织及其成员的社会责任感,并为解决可能的纠纷和争议提供法律依据。

(二)实行简政让权

在某些情况下,政府及其教育职能部门,当在一些专业性较强的领域行使管理职权时,囿于自身专业能力或其他原因,可委托教育中介组织代行一定的管理职权,从而实现自身的治理目标。

(三)加快职能转变

政府必须进一步加大转变职能的力度,淡化自身在专业性领域内的直接管理职能,为教育中介组织的发展和壮大提供广阔的空间和舞台。

总之,我国社会主义市场经济体制的确立以及政府推动的简政放权和转变职能改革,已为我国教育中介组织的良性发展开辟了广阔前景。

第四节　小学教育管理体制改革

目前,我国基础教育经过多年的改革与发展,已经确立了基本的制度框架,在运行上也取得了较好的效果。随着社会、经济、文化的发展,人民对教育的需求,尤其是优质教育的需求越来越大,因此,当前我国义务教育的主要矛盾是社会日益增长的教育需求与教育资源特别是优质教育资源的有限性(相对不足)之间的矛盾。为了满足人民日益增长的教育需求,教育行政部门以及各级各类学校应当深刻认识到提高教育质量,向学校管理要质量应是当前学校管理工作的核心。因此,深化教育改革,探索建立惠及更多利益相关者,关照学生可持续发展的现代小学管理体制是当前义务教育阶段教育改革的核心问题所在。

一、构建有利于小学教育发展的外部环境关系

思考现代小学教育管理体制改革的路径,首先触及的是政府、学校和市场的关系。建立现代学校管理制度,必须重新构建政府、学校和市场三者的关系,改变控制与被控制的局面,引入第三方市场因素,打破大锅饭的教育资源分配模式,提升各小学办学活力,使义务教育阶段的教育真正促进学生可持续发展,符合学生个性发展需要,办出优质的教育来。

随着经济和社会发展的日益加快,建设知识型社会、学习型社会要求突破传统的教育体制,建立与市场经济和知识型社会相适应的教育体制。新的义务教育体制应以现代社会对人的全面发展的要求为出发点,体现以学生发展为本的思想,为人的终身发展奠定基础。

现代小学管理制度的建立,必须清晰界定政府、学校、市场三者的职能。首先是政府职能的转型,政府应该从具体的教育管理事务中逐步退出,凡是学校能够办好的事情都让学校

办,凡是市场能解决的问题就应靠发挥市场机制来解决。政府应该注重教育事业的发展规划,加强教育事业宏观调控;加强教育制度环境建设,维护市场秩序,发挥市场机制。同时,简政放权并不意味着削弱政府主管教育的权力,而是有效地增强了政府的责任意识。

学校也应该转变职能,在政府将部分教育管理权下放给学校的时候,必须建立相应的权责体系。政府下放的权力一般包括学校目标和政策制定权、财政预算权、人事安排权、课程设置权等。学校同时也必须建立起相应的知识、信息、人事体系以承担、使用好下放的自主权,教育行政人员的素质也必须相应地提高。如果没有相应的教育资源做支持,学校对权力的运用就会缺乏必要的条件。

在市场方面,一是应通过培育教育中介组织,实行对教育的转移支付和公共教育服务的"购买",将原有的一部分政府管理职能分化;二是尊重家长及学生对教育的选择权,通过引入市场机制,合理配置教育资源。

二、建立有利于小学教育发展的现代学校管理体制

现代学校制度是指能够适应市场经济和建设学习社会的基本要求,以新型的政校关系为基础,以现代教育观念为指导,学校依法民主、自主管理,能够促进学生、教职工、学校、学校所在社区的协调和可持续发展的一套完整的制度体系。

现代小学管理体制的基本价值是保障学校大力推进素质教育,促进学生的充分、全面、多元、终身发展。通过建立现代的学校内部治理架构,避免"一长制"的独断专行,充分表达各教育利益相关主体的需求。同时,现代学校管理制度是一整套有机的制度体系,它从教育价值观到组织架构到教育管理方式等方面使得学校朝着符合市场经济、知识型社会的规范前进,主要体现在以下几个方面。

(一)形成现代教育观

无论学校管理体制如何改革,其出发点和落脚点都在于提高教育质量,促进学生的终身发展。因此,现代的教育观指引着教育工作者的办学思路,影响着教育工作者的办学行为。现代的教育观包含着学校工作的方方面面,主要有现代的教育价值观、教育质量观、教育管理观、教学评价观、学生观、教师观、课程观等。比如,在现代的教育管理观的指导下,小学的校长和教师应该把主要精力放在课程的领导上,全力以赴地提高课程质量和教学质量。同时,校长与教师应该成为专业人士,实行校长和教师的专业化发展,成为既有丰富实践经验又有较高理论水平的高素质教育管理者。

(二)形成校本管理组织架构

校本管理是以学校发展为本,以学生发展为中心,以提高学校组织效能与学习教育质量为核心的学校管理制度。校本管理提倡学校自主发展,政府宏观调控,明确学校、政府、市场

三者的关系,形成有效的制衡机制与合作机制,共同推动教育的发展。校本管理下的学校自主发展,至少应包括以下几个方面:首先,财政自主,包括预算规划和经费管理的自主;其次,人事自主,学校有权对教师和职员做出安排;再次,课程自主,学校能自主开发体现地方特色和自身特色的校本教材,真正做到"把课程还给教师";最后,发展自主,学校拥有独立的发展权,有权依据办学章程,制定学校目标、发展愿景、发展规划等。

(三)形成多元参与管理模式

现代小学管理体制要求形成决策、监督、执行三权分立,学生、家长、社区共同参与的多元管理方式。其根本目的在于保障学校的民主发展,真正体现教育相关者的利益,同时,也能有效地促进学校接受监督、关注其绩效发展。多元参与的教育管理方式,有利于社会各个层面的多方互动,各个层面有效参与到学校管理事务中来。在现代的小学中,学校应该重视教育信息、校务的公开和透明化,尊重教师、学生、家长的教育知情权;建立民主治校的各项制度,采用多个部门相互制衡的方式协同发展;避免校长负责制下校长权力的过度膨胀,使教育管理权力的运用能真正体现学生发展的诉求。

三、着力推动小学教育管理体制与机制改革

改革开放多年来,我国教育事业取得了巨大的成就。九年义务教育基本实现普及化,部分发达地区正在进行十二年义务教育的有益探索;高等教育逐步实现大众化,让更多的学生得以接受到更高层次、更优质的教育;教育法律法规日益完善,学校办学自主权日益扩大,各级各类学校逐步走上规范办学、特色办学的道路;大力推动基层教育阶段素质教育,有效促进了学生的全面发展。同时,在种种成绩面前,我们也要清醒地认识到,我国教育,尤其是基础教育,还有很大的发展空间,并且面临着巨大的挑战。主要体现在理顺政府和学校之间的关系,大力培育第三方市场的力量,提升相关人员的教育管理素质这三个方面。

第三章 小学教育制度管理

第一节 小学教育制度管理概述

一、小学教育制度的内涵

制度指在一定历史条件下形成的大家共同遵守的办事规程或行动准则。教育制度是一个国家各类教育机构正常运行所需的种种规范或规定的总和及其有机构成的总体。学校教育制度是指一个国家各级各类学校的系统,规定着学校的培养目标、性质、任务、入学条件、修业年限、管理体制以及各级各类学校的关系,属于宏观的学校制度。

小学教育制度的安排是以学生发展为核心,制度的生成和重建始终围绕特定领域的变化,是一种约定成俗的规定。小学教育制度更加强调教师的教和学生的学,将"学校"作为自己的本质规定,并以此作为构建整个学校制度的准则。在小学教育制度的架构下,所有规则体系的构建都是围绕更好地促进学生发展,从而更加彰显了教育的独立性和学校的自主性,也是为了促进教与学的有效性。因此,小学教育制度主要是系统构建学校教育的核心制度和外围制度,为学生搭建更好的发展舞台。

小学教育制度的安排是协调校内和校外关系。制度是人们在调节各种关系时构成的一种规定和规则。小学教育制度视学校为一个开放的组织,它不但关注学校内部的运转,并且也强调学校、家长、社会的互动进程。小学教育制度的两个主要内容是校内制度和校外制度。通常所指的学校制度不仅缺乏动态的观点,而且在制度的完整性上也存在缺憾。小学教育制度构建校内制度和校外制度以学生的发展为中心,注重学校利益相关者在制度构建和发展中的作用。为推动小学教育制度建设,教育部颁布的《关于建立中小学幼儿园家长委员会的指导意见》《依法治校——建设小学教育制度实施纲要(征求意见稿)》,也对校内外关系做出了详细规定,以整合和协调影响学生发展的各种力量。

二、小学教育管理制度的功能和基本特性

(一)小学教育管理制度的功能

1.实现教育管理制度的指导功能

将"软性制度"融入"硬性制度"里面,使硬性的制度具备"思想的光辉"。对学校而言,所谓"软性制度",就是指那些先进的教育教学思维和理念。比如说,把探究性教学、合作性教学、反思性教学、研究性学习等具有前瞻性、引领性的教育教学思想、理念,甚至简要的操作方式方法等作为制度的一部分。

2. 实现教育管理制度的服务功能

管理的本质意义就是服务,学校的制度管理更应如此。学校作为育人场所,各种制度的建立更应体现"亲和性""人本性"和"人文性"。这就要求学校管理者必须建立"管理就是服务"的管理理念,使"管理就是服务"的管理理念在每个管理者的认识里得以强化,进而得到认同,最后在详细的管理实践中落实。作为学校管理人员,必须时刻防止态度冷酷和以权压人的作风。在制定制度时,心怀服务心态,避免冰冷生硬的"不"字,多使用富有人文性的语言,使制度散发出"人本性"的光辉。更重要的是,在具体的管理实践过程中,管理者要养成服务的职业习惯。如果没有把为教师效力作为一种职业习惯,没有把服务管理当作一种职业生存方式,学校管理者是很难把学校管理任务做好的。

必须指出的是,在详细的管理实践中,管理者要具备较高的服务技能,而服务技能主要体现在"服务的指导水平"上。学校的"管理服务"与一般的服务不同,不能一谈到"服务",就是指"服务态度",更多的则是指"服务的指导水平"。如果学校管理者对教育教学和学校管理工作没有深刻理解,制定出的教育教学管理制度就不会具有指导性。同样,在具体的管理实践和制度执行中,也不会具有指导性的服务管理。因此,加强学校管理,一方面,学校管理岗位要选拔那些思想素质高、业务能力强的优秀教师;另一方面,还需要加强管理人员的培训工作,不断提升他们的服务技能和管理指导水平。

3. 实现教育管理制度的规范功能

规范是学校制度的题中应有之义。学校制度中的"规范"包括两层含义:一是规范的制度,二是制度的规范。所谓"规范的制度",就是建立健全各种制度以后,还要做到"规范"。所谓"制度的规范",就是学校的各项制度要"健全"。"规范的制度"和"制度的规范"是实现学校有序管理的坚实基础。建立健全规范的学校制度,一则可以使教师遵循制度行事;二则可以使学校的人际关系逐渐变得宽松和谐起来;三则可以引导教师能够在制度的基本框架下,有章可循,开展各种有益活动。

学校制度要想立足于"制度的规范"和"规范的制度","指导"是关键。指导是制度的核心价值,制度缺乏指导价值就不具备可持续发展的效能。这就要求,学校制度的制定要具有引领性、前瞻性,要有指导价值,如此才能有效地提高教师的专业素养,从而发挥出制度的最大效益。如果教师缺乏内在的积极性和主动性,就会失去创造空间。只有当学校制度最大限度地施展教师的主观能动性功能,才算达到了制度制定的最初目标。

(二)小学教育制度应具备的基本特性

将教育定位于服务,体现了小学教育管理制度与时俱进、创新发展的精神。小学教育管理制度顺应了社会生产力和社会发展对教育的要求,保证和不断改进对学生及其相关的服务定位为学校的核心功能,从根本上落实了以促成和保障学生全面发展为核心的教育准则和教育方针。服务观念的定位促进了学校核心能力、竞争发展能力的提高,决定了质量意识、竞争意识的引入和强化,是对传统教育观念的一次革命和突破。

1. 人本性

随着时代的发展,我们思考与解决现实社会问题的首要原则和出发点是"以人为本"。

社会发展一定要以人为本,社会的真正发展在于满足人的发展需要,全面提升人的生活品质。因此,我们在实施小学教育制度管理时,也必须把"以人为本"作为首要而且最根本的原则,并把它作为我们考虑、处理与解决学校教育问题的出发点。

小学教育制度所指的"人",应包括全部的有教育需求且与学校利益相干的人群,以及与学校工作直接或间接相关的人,主要是学生、教师、校长,以及家长与家庭所在的社区成员。这里面的"人",不仅是指群体的人,而且还包括个体的人。20世纪50年代以来,国内外教育管理学取得了一些共识:学校不再是一个封闭的系统,而是一个十分复杂的社会系统,这个系统包括学生、教师、家长、社区成员等诸多人的要素。因此,管理学校不是管理工厂生产线,也不是对待冰冷的机械零件,而是面对那些有情感需要、有生命活力、有发展潜能的学生及利益相关人群。从这个意义上说,学校制度的制定和实施理应变过去的只重视"物"为对"人"的关注,为实现学生全面发展这个目标而努力。

小学教育制度的制定和实施,从人本性的角度看,首先是对学生和教师的生命权的保证。具体而言,就是要避免学生的身体和生命受到侵害,确保师生生命安全。在小学教育制度中,应把尊重学生生命和确保生命安全摆在最重要的位置,把学校安全教育管理和对学生生命安全教育规定纳入其中,并制订好相应的校园安全管理计划及其预案。其次,小学教育制度的制定和施行要满足人的情感、兴趣、意志、愿望、价值选择等多元需求。再次,小学教育制度的制定和实施要充分反映个体差异。个体差异不但体现在年龄、性别、文化水平、职业上,还表现在态度、习惯、需要、观念等方面。最后,小学教育制度的施行要促成人的全面发展。小学教育制度要培养学生终身学习的能力,着眼于学生未来的发展。

2. 民主性

小学教育制度的民主性首先体现在全体学校成员所具备的理念方面。学校民主应是民主观念在学校实践中的具体体现,它应包含三层内涵:第一,学校民主是一种学校管理方式。它强调民主参与,尊重、信任与接纳,交流、沟通与合作,公平竞争,共享成果等。第二,学校民主是一种学校成员的生活方式。学校成员在互相尊重、相互合作、公平竞争和谅解宽容的基础上解决他们之间的社会关系。第三,学校民主拥有其特有的道德意义。简而言之,学校民主在学校管理决策,师生交往,学校与社区、家庭以及其他成员的沟通与合作中都能得以体现。

实现学校民主是小学教育制度的重要使命。从学校民主的理念出发,为确保所有学校成员的基本民主权利,需要制定一套完善的学校民主管理制度,如参与权、表决权、知情权等。学校利益相关者有权反映自己的观点和意见,有权倾诉他们的感情,有权知晓相关的知识和信息,有权参与学校制度的确立。学校管理者有责任制定并落实学校民主管理的政策和制度,并不断提高自身的素质和管理技能,在制定和实施小学教育制度时,将民主参与的观点和做法纳入学校管理的制度中,将教师、学生、家长等学校成员能够自行处理的事情交由他们自己去处理,并负起相应的责任。

完成学校民主管理离不开一定的措施和技术。采取民主管理的方法和技术不仅可以促进学校成员的成长和发展,还能让学校做出更好的决策。依据学校成员参与的程度来划分,民主管理的方法和技术的主要形式有征询意见、会议讨论、民主集中制、合议制等。其中,认真研究和设计召开各种会议是实现学校民主管理的重点。

此外,学校还要防止过度民主和民主缺失两种倾向。过度民主指不顾学校的具体实情,追求所谓的完全民主,其结果不仅会导致学校权力界限不清,而且会使权力指挥和结构混乱,甚至会造成机构臃肿。与此相反的是学校民主缺失,即校长"独揽大权",把学校看作是私人领地,神圣不可侵犯,排挤别人参加学校管理。过度民主和民主缺失这两种倾向都应采取切实有效措施加以避免。

3. 科学性

小学教育制度的科学性体现在完善性上。小学教育制度的架构体系是由各种指导学校工作的教育法律法规和规章制度构成的,它们之间应相互联系,不能相互矛盾。制定学校规章制度时要避免与教育法律法规相冲突,同时要防止政出多门,要与其他规章制度保持一致。一般而言,学校规章制度要确保权威性和严肃性,有些由学校校长办公会和行政会通过即可,有些规章制度事关学校整体发展和教师切身利益,必须提交教职工代表大会审议通过才行,由校长签发。

小学教育制度的科学性还体现在文本的规范性上。各项规章制度的具体执行部门、协调执行部门,监督部门必须规范明确。

4. 开放性

首先,小学教育制度应遵照开放系统的组织结构来设计。学校开放系统包括校外关系和校内关系两个方面。就校外关系而言,小学教育制度要重点处理好学校与政府、社区、家庭之间的关系。就校内关系而言,小学教育制度要充分考虑学校组织内部各种关系的交流、沟通与合作,如管理者与教师的关系、教师与学生的关系、教师与教师的关系、教学人员与后勤人员的关系等,都需要在学校章程和有关规章制度中做出明确界定。

其次,小学教育制度的开放性体现在获取和共享教育资源上。各种教育资源的获取和共享是完成学校目标和落实学校管理的基础。对学校而言,除了最重要的人员资源外,具体的物资、办学经费、管理信息等都是非常重要的资源。当前,从总量上看,学校资源依然十分紧缺,在经费投入、师资力量和素质等方面有待提高。因此,更有必要加强有限资源的合理配置、交流共享。

最后,小学教育制度的开放性还应体现在学校评价机制上。小学教育制度的评估体系的制定,要引入各种因素,将社区、家长纳入学校评估的主体,改变过去教育行政部门评估的单一性。如某市提出要建立和公开学校综合质量"排行榜",让家长知晓反映学校综合质量的学校升学率、就业率、教学质量、学生发展等信息,从而推动学校之间的良性竞争,这都是非常有益的尝试。

在构建学校与政府、社区和家庭的新型关系方面,从我国现实出发,可以分两步来施行。

第一步,探索学校与家庭、社区的关系,构建学校与家庭、社区之间的互动机制。从总体上看,如何有效引导家长和社区成员主动参与学校管理,关键是建立良性学校与社区、家庭关系。如在构建学校与家庭、社区沟通的模式上,可以设立学校、年级、班级层级的"教育议事会",引导家长主动参与学校事务管理。

第二步,在建设学校与社区、家庭互动机制的基础上,探究学校与教育行政部门之间的关系,其主要内容是教育行政部门要改变对学校的管理职能,转变直接行政指挥的做法,减少学校对教育行政部门的依托性。在制定和施行小学教育管理制度时,要努力探索校长的录用、责任和权利,教师的招聘,学校经费的管理、使用,激发学校内部活力。

5. 发展性

所谓发展,是指某一事物积极的、向上的变化,或解决某一方面的困难、对问题的处置等。对学校而言,发展指学校办学规模的扩大、学生数量的增长、教学质量的提高、教师专业成长、学校办学水平的总体提升等。检验和评估小学教育制度有效性的标准之一就是发展性。

学校发展的内涵十分丰富,可以从个体和组织两个层面来分析。就个体层面来说,小学教育制度包括促进学生、教师、校长、家长和社区成员的发展。其中,学生的发展是主体的发展,具体指学生生命安全得到保证、身体健康成长、个性和良好道德品质的形成、学业进步和获得成功、创造能力和终身学习能力提高等。教师的专业发展表现在教育观念的更新、专业知识和技能的增长、教学经验的积累、教学能力的增强等。校长的专业成长包含校长管理水平的不断提高、领导能力的不断增强。家长发展的特征体现在家庭教育观念的转变、教育孩子方式的改变、良好家庭育人环境的营造,甚至于成为教育行家等。此外,在小学教育制度的框架和营造的环境中社区成员也要得到发展,成为学校协同合作者。

在组织层面,小学教育制度要促使学校、家庭和社区的和谐发展。学校发展成果表现为学校社会满意度提高、教师的专业水平提升、学生核心素养得以发展。有学者指出,学校发展要实行"以人为本"的教育,在理想目标与现实条件之间寻找机会,把教师和学生的利益放在第一位。学校应在促进学生的现代发展中关注学生的有效学习,在实现人的主体性、多样化发展的行为中追求社会主流价值。

6. 生态性

小学教育制度要努力构建学校生态环境,或称之为学校组织氛围。构建教育生态,可以从两种维度来分析:第一,从学校的活动边界来看,学校要紧密围绕学生这个中心来制定学校制度,设计教育活动。学生的个性化差异是最丰富的教育资源,实现学生的差异性和个性化的发展是学校管理的宗旨。学校发展必须整合各种教育资源来满足学生的多元化需求,学校制度的有效性具体表现在学生的个性化发展上。第二,从学校功能建构来看,小学教育应该是学园、家园、乐园和花园的统一体。根据学校所秉承的办学理念,学习型学校、人本型学校、发展型学校等都是实施小学教育制度的多种表现形式。

第二节 小学教育制度管理内容

一、小学教学制度管理

教学管理制度就是保证教学系统有效运转的组织形式和行为法则,是组织结构和教学常规的总和,它一般包含教学过程管理、教学业务管理、教学品质管理和教学监督管理等。[①]

(一)教学过程管理

教学过程是依据一定的社会需求、教学目标和学生身体心理发展的特点,由教师的教和学生的学组成的双边活动过程。教师、学生、教学内容和管理等因素构成了这个过程。其中,教学过程的主导因素是教师,教学过程的主体因素是学生,教学过程的客观因素是教学内容和手段。备课、上课、辅导、作业批改、成绩考评五个基本环节组成了教师的教学过程。课前温习、听课、复习巩固、掌握应用、考查五个基本环节组成了学生的学习过程。教学过程的管理,就是怎样依照教学过程的规律来决定教学工作的秩序,建立相关的措施,通过计划、检查和总结等办法来实现教学目的的活动过程。

学校教学管理的主要内容是教学常规管理。教学常规管理是对教师教学工作量化检查和对教师个人的备、讲、批、辅、考等方面的基本要求和对教师教学工作量化检查的制度,这是进行过程性管理,以保证正常的教学秩序和教学质量重要的一环,也是教师每天都要面对的日常工作和检查的内容,各级各类学校教学管理制度都对此制定了具体要求和检评措施。

施行素质教育,全面提升教育教学质量,必须加强学校教学常规管理工作。教学工作是学校的中心工作,学校工作的基础性工程是教学常规管理,它是确保学校稳步、健康、可持续发展的基本前提,因此,建立健全教学常规管理机制,使学校的教学工作制度化、规范化、有序化,并有效地应用于教学管理的全过程,是全面提高教学质量、实施新课程改革的关键。

(二)教学业务管理

教学业务管理是有计划、有组织地对学校教学业务工作所进行的管理活动。教学业务管理决定着学校教学管理的水平,是学校教学管理的重要组成部分。

(三)教学质量管理

教学质量管理就是依照课程的整体要求实施教学活动,并对教学过程的每个阶段和环节进行质量评价的过程。提高教学质量是学校教学管理的中心任务。

(四)教学监控管理

教学监控分为教学质量监控和教学过程监控。根据课程对教学的要求,理解和监测教学的进程和状况,就被称为教学质量监控。通过查找反映教学质量的资料和数据,发现教学中存在的问题,分析问题原因,提出改进意见,促进教师的专业发展,促进教学质量和学生学习水平的提高,从而确保素质教育方针的全面落实。其中,监控是过程,评价是结果,促进是目标。

二、小学学生制度管理

当前,小学学生制度要全面贯彻《中共中央国务院关于深化教育改革全面推进素质教育的决定》的精神,根据《基础教育课程改革纲要》,结合学校自身实际情况来制定。

---

① 陆雄文.管理学大辞典[M].上海:上海辞书出版社,2013.

（一）指导思想

保持形成性评价与终结性评价相结合的准则,把日常评价和学生的成长记录作为评价的根本。内容力求全面、客观,程序要科学、规范,发挥评价促进学生发展的功能,关注学生的全面协调发展和特长、潜能,建立科学、规范的小学生发展性评价体系。学生综合素质不断提升,在不断认识自我、发现自我、完善自我中实现预想的教学目的,都是通过发展性评价来实现的。

（二）基本原则

1. 发展性原则

评价要坚持学生的全面发展,留心学生发展过程,培养学生创新精神,提升学生综合素质。

2. 过程性原则

评价要注重学生成长过程,实现评价方式多样化,把学生日常评价、成长记录与学科质量检测结合起来,即把学生平时作业、课堂表现、实验操作、行为观察、情景测验与综合测试结合起来。

3. 激励性原则

评价要发挥激励功能,最大程度地激发学生学习的积极性,要树立榜样、表彰先进、肯定成绩,让学生主动改正缺点,使评价成为一种激励学生不断前行的动力。

4. 科学性原则

评价要依据教育规律与学生身心发展规律,制定科学评价体制,利用科学的评价方式,竭力获得学生的各个方面的信息,留意学生的天赋、潜力及个性差别,增大评价的覆盖面。

5. 互动性原则

在交流互动中,实现评价主休的多元化,将学生自评、学生互评、家长参评和教师评价有效地结合起来。

（三）评价内容与评价标准

1. 评价内容

基础性发展目标主要包括品德品质、公民素养、学习技能、交流与协作、运动与健康、审美与体现。

①品德品质与公民素养:培育爱国主义精神和社会主义道德品质,乐于参与社会公益活动,积极维护民族团结,具备一定的社会责任感;逐渐形成积极的人生态度和正确的情感价值观,提升文化底蕴和审美品位,养成自信、自尊、自强、自律、勤劳等良好行为习惯。

②学习技能:具有主动学习兴趣和愿望,学习目的明确,学习态度端正,学习习惯良好,能够运用已有的经验和技能,结合所学的知识,独立剖析并处理问题,具备初步的研究与创新能力。

③交流与协作:可以主动参与各种文体和社会实践活动,利用普通话与他人交流与协

作,并勇于发表自己的意见;能够虚心接纳别人的意见和建议,评价和管束自己的行为,并学会理解和尊重别人。

④运动与健康:踊跃参与各项体育活动,掌握一定的运动技能,拥有强健的身体;具备一定的安全、自我保护意识;养成良好的心理素质,形成健康的生活方式。

⑤审美与体现:具有健康的审美观,踊跃参与学校组织的各项艺术活动,在活动中能用适当方式去欣赏美、感受美、表现美。

2.评价标准

①道德品质与公民素养方面的评定,通常符合基本标准的学生都被评为合格。对于既有突出问题,又不符合教育部规定的基本标准的学生,可以暂且不评定等级,但对突出问题要有如实记录。在维护国家和集体财产、关爱集体、爱护环境、参与公益活动等方面有突出贡献并得到省、市、县有关部门嘉奖的,将具体内容填写在相应评价项目的"突出表现"栏。

②学习能力、交流与协作、运动与健康、审美与体现等方面的评定分 A、B、C、D 四个等级。符合标准,有突出表现,并有明确、详细佐证材料的,经综合素质评价工作领导小组审核确认,可评定为 A 级;通常达到基本标准者,可根据具体情况评定为 B 级或 C 级;没有达到基本标准者,评定为 D 级。凡评定为 A 等级的学生,必须经综合素质评价工作领导小组审核确认,否则视为无效。

有以下情况之一者,在学习能力方面可评定为 A:学习积极踊跃,各学科成绩优异;通过专业评价机构认证或者在省、市组织的相关活动中荣获小创造、小发明等奖项;论文、文学艺术作品在市级以上刊物发表;通过教育行政部门批准的在市级以上比赛活动荣获等级奖等。

有下列情况之一者,可在运动与健康、审美与表现方面评定为 A 级:在校内外文艺活动、大型体育比赛中表现突出;依照《国家学生体质健康标准》身体素质达到优秀等级;由省教育行政部门组织或相关部门组织被认可的体育比赛中,荣获前十名者;参加硬笔书法比赛、古诗文诵读、普通话演讲、音乐、美术等比赛获优秀奖以上(含集体项目);市教育行政部门组织的各项音乐、美术等比赛中三等奖(含)以上获得者(含集体项目),体育比赛获前六名者。

(四)评价的方法

①采用"四级制"评价。测评时本人、同学、教师比照"评价标准",分别从思想品德、公民素质、学习能力、交流与合作、运动与健康、审美与表现等方面给出相应等级,等第采用优秀、良好、及格、不及格四个等级。

②采用"记实"评价。测评评优情况、竞赛获奖、爱好特长等项,按照实际记载的情况来评定。

(五)评价步骤

①自评。在教师的组织教导下,学生根据相关的评价标准,依照自身的学习生活实际,为自身予以等级评价。

②互评和师评。教师及同学按照学生的学习、生活实际表现,给同学做出等级评价。

③总评。由教师汇总自评、互评和师评的评价结果,给每个学生做出等级评价,并及时将评价结果反馈给学生和家长。

(六)学生素质评定的组织实施

①加强学生综合素质评价宣传力度,让学生、家长充分认识其目的和意义,支持评价工作。

②在评价过程中要全面、深入、真实地再现学生的特点和发展动态,注重质性评价。将自评、互评、师评相结合,增进互动和理解,实现主体评价多元化。面向学生的"未来",关注学生发展,重视形成性评价。

③每学期开展一次学生综合素质评价。自我评价和形成性自评是评价的主要内容;参与评价的人员应是班主任、科任教师、同学和家长;要使教师在评价中发挥充分的引导作用;评定方法采用"等级+评语"的模式;力求促进在各方面都得到主动、协调、全面发展;通过《小学生综合素质评价手册》,把学生的评价结果反馈给学生家长。

④学生处引导班主任实施学生综合素质评价,并对全校学生的综合素质评价做总的剖析。

三、小学行政制度管理

(一)建立以校为本的教学研究制度

学校教学研究制度必须以校为本,从学校实际和实践问题出发,通过全体教师协同研究,达成解决学校问题、提高教学质量的目的。制度的建设是保障教学研究在学校取得"合法"地位,成为学校教学改革发展的永恒动力的必备条件。通过制度化建设,让学校形成一种崇敬学术、崇敬研究的气氛,是保障教学改革和教学专业化发展最有效的内在机制。

(二)建立民主科学的教学管理机制

学校民主化教学意识的形成受教师参与学校民主管理的直接影响。因此,学校必须改变以往"家长式"的管理模式,建立民主、科学的教学管理体制,建立健全由教师、学生、家长、社区人员和教育专家构成的教职工代表大会制度,增强学校监督和管理,让广大教师在参与学校管理工作时有合法的模式和正常的渠道。

(三)建立促进教师成长的考评制度

在制定考评内容和标准上,首先,要体现新课程的精神,体现教学改革的方向和教师创造性劳动的性质以及角色转换的要求。考评的内容要包含教师的教学探究、教改实验、创造性教学和校本课程开发以及师生关系。其次,考评的目的在于引导教师学会反思和总结,让教师提高认识,更新观念。最后,考评结果要杜绝片面化和绝对化,反对唯分数论,每次考评要关注教师专业成长,帮助教师全面认识自己,明确自己的成长阶段及今后的努力方向。

四、小学后勤制度管理

学校管理离不开后勤工作。后勤的基本职能是为教育科研、教育教学和师生学习、生活服务,为学校的教育教学实践活动提供必要的物质保障,发挥其必要的育人功能。

第三节 小学教育制度管理实践

一、提升依法科学管理能力

（一）切实转变对学校的行政管理方式

各级教育行政部门要按照规划纲要要求，依法行政，大力推动依法治校工作，严格按照法律规定的职责、权限与程序，落实学校的办学自主权，对学校进行管理。要切实转换管理学校的方法、技能，将具体的行政管理转变成依法监管，尊重学校办学自主权，减少过多、过细的行政管理，竭力探索建立综合执法和依法监督体制，提高行政执法能力，主动为学校处理法律问题，依法帮助教育活动的正常开展。要依法贯彻社会监管体制，实施民办学校与公办学校的平等法律地位的规定，及时发现并公平纠正、处罚学校的违法行为。要主动协作有关部门展开校园及周边环境治理工作，依法维护学校的合法权利和校园安全，努力为学校教育教学活动创造良好的育人环境。作为推进学校内部体制改革的准则与路径，务必落实好推进依法治校的第一责任人的职责，增强对学校依法治校工作的引导、推动、监督学校，落实好依法治校的工作要求和目标考核机制，促使各级各类学校领导把依法治校作为学校办学和管理的基本准则。

（二）建立健全依法治校工作机制

要把依法治校归入学校整体工作计划中，并且把它作为年度工作的专门内容，向教职工代表大会进行汇报。其工作情况，要根据要求报送上级主管教育行政部门，在信息公开栏向社会公开，并有专人负责；符合具体要求的，聘请专业人员作为法律顾问。学校的法制工作机构或人员在学校的决策、管理过程中要充分发挥参谋和监督作用，学校出台的有关管理制度、对外签订的协议、改革方案等，应由学校的法制工作机构法进行合法性评估和论证。

（三）建立健全依法治校考核评价机制

学校管理的理念与水平受依法治校能力与情况的直接影响。教育行政部门应对依法治校情况与教育教学质量加以平衡考核，并作为对学校的领导班子考察的重要指标。要采用多种途径听取师生意见、公众反映，创新考核评价机制，重视评估依法治校的社会效果和教育效果。建设由法制工作机构或者其他综合部门牵头担任的依法治校工作机制，增强对学校工作的引导，建立学校领导任前法律审核制度，用依法治校的综合性考察来代替相关的专项考评，防止扰乱学校的具体办学与管理工作。要选取有效方法，激励和促进学校依照纲要要求，积极开展依法治校、进行校内管理体制改革；对于在依法治校中形成先进经验、做出突出成绩的学校进行奖励。

（四）深入开展依法治校示范学校创建活动

立足学校需求，结合自身特点，分类指导，示范引领，稳步推进依法治校。不同层次、不同类型的学校要联系实际和需求，制定适合本校依法治校的具体方法。对学校在依法治校实践中形成的典型经验与成功做法，地方各级教育行政部门要及时推广，并对不同类型学校依法治校的具体要求,实施分类指导,建立健全依法治校示范校的标准,将建设依法治校示范学校活动规范化、制度化。在国家和地方层面,逐级开展依法治校示范学校创立活动,主动扩展典型经验,促进各级各类学校依法治校水平的整体提升。

二、建立健全民主管理制度

依法完善教职工代表大会制度,保障教职工代表大会的组织和运行符合具体要求,将其参与学校管理和民主监督的作用发挥到极致。专业技术职务提升、绩效工资考核配置方案等与教职工自身利益相关的制度、方案,以及关于学校发展的重大事项,均要经教职工代表大会审议通过。教职工要积极行使对学校领导和主管部门的考核权、评议权。学校要在设立学生管理和涉及学生利益的管理规定方面,充分征求学生意见,为学生参与学校民主管理拓宽渠道,努力探究师生代表参与学校决策机构的机制。

①贯彻《关于加强中小学校党的建设工作的意见》,突出政治功能,提升组织力,充分发挥党员教师的先锋模范作用,把学校党组织建设成领导改革发展的坚强战斗堡垒。

②坚持民主集中制,按时召开学校教师大会,完善学校教职工代表大会制度,凡是有关教职工自身利益及学校发展的重要事项,都要经过教职工代表大会审议通过。

③在学校显著位置设置学校信息公告栏。公布学校校务信息,公示学校收费项目、标准、凭据等,让学校教职工、学生和家长对学校重大事项、重要制度具有知情权。

④健全问题协商机制,采纳教职工、学生和家长的积极意见和建议,处理和解决问题。

⑤发挥少先队组织的作用,积极引导学生实现自我管理或参与学校事务治理。

三、构建和谐的家庭、学校、社区合作关系

学校要逐渐完善班级和学校两级家长委员会。家长委员会的职责包括参与学校管理、行使监督权力、促成家校教育合力的形成,其成员一般由家长民主推荐选举产生。学校在确保家长委员会对学校、教师的教育教学、管理活动实施监督、提出意见建议等方面,提供必要条件,并定期与家长委员会成员进行交流沟通。学校开展社会综合实践活动、研学旅行、代收保险等涉及学生个体利益的活动,一般应由学校或者教师提出方案和建议,做出相应解释,并提交家长委员会作出决定。符合条件的地方,可以成立区域家长委员会联合会,增强家长对学校管理制度和办学活动的参与权、知情权和监督权。

①健全和完善家长委员会制度,建立家长学校,落实学校开放日活动,在学校治理中提高家长的参与度,形成教育合力。

②建立社会监督机制,密切联系社区和利益相关者,促进其参与学校治理。

③主动争取社会资源和社会力量,支持学校改革发展。

④在课后和节假日,学校资源应对本校师生和所在社区居民实施有序开放。

第四章 小学教育主客体管理

第一节 小学教师管理概述

教师是一所学校最重要的人力资源。拥有高素质的教师队伍,充分发挥教师的能动性,是所有学校实现教育和管理目标的根本保证,也是学校发展的活力源泉。

一、小学教师的角色

作为专业的教育工作者,教师拥有特殊的职业角色。小学教师的工作对象是小学生,由于小学生年龄小,身心发展具有特殊性,因此,小学教师的角色应符合小学生的年龄特点。

(一)"家长代理人"角色

在许多小学生和家长眼里,教师扮演的是家长代理人的角色——小学教师是儿童在父母之后遇到的另一个社会权威。许多家长认为,把孩子送到学校,也就将管理教育孩子的责任部分地移交给了教师。小学生在学校也常常会把许多与父母相处的行为模式、经验、体会等,迁移到与教师的交往中,把对父母的期望转移到教师身上。因此,教师应时刻关注小学生的各种心理感受、身心各方面的各种细微变化,保证小学生在学校的安全,给予小学生家庭式的负责与耐心的帮助。

(二)"学生楷模"角色

基于小学生身心发展的年龄特征,模仿是小学生学习的主要形式。同时,小学生对教师有一种特殊的信任感,小学教师最容易成为学生认同与模仿的对象。小学生往往把自己尊敬爱戴的教师视为模仿的楷模,有意无意之中向教师学习,这是小学生的一种心理特征。教育心理学的研究表明,在整个教育情境中,教师的仪表体态、言行举止、举手投足、容貌服饰等,都有可能成为学生模仿的对象。教师的一言一行、一举一动都可能对学生产生很大的示范作用,并对学生的心灵产生深刻而久远的影响。因此,小学教师更要强调身教重于言教,学校要对教师的个人行为与形象做出严格要求。

(三)"学习的促进者"角色

21世纪的教育,要求教师不但要向学生传授基础知识与基本技能,更要让学生体验获得知识的过程,掌握获得知识的方法,培养创新的意识和能力。这就要求教师在教学实践中由过去的"教"学转为"导"学,不仅是知识的传授者,更应成为学生学习的促进者。教师成为学习促进者,需要做到:帮助学生形成正确的学习态度;指导学生自主学习,使学生掌握自主学习的方法,提高自主学习能力;指导学生制订切合自身实际的学习计划,并获取相应的学习方式;帮助学生掌握运用现代信息媒体获得知识的手段和方法等。

(四)"灵活的组织者"角色

由于信息媒介的多样化,小学生获取知识的渠道也具有了多样化的特点,其在学习过程中的自主性越来越突出,甚至如选择教学内容、教学时间和教学方式等活动,学生也有了自主参与的机会。随着社会的发展,小学生的民主、平等意识较之前代有了很大提升,小学生与教师的交流也更多地采用平等的态度。小学教师应由传统的"严格管理者"角色,转变为引导学生开展活动的"灵活的组织者"角色。

(五)"心理辅导者"角色

在当前,我国小学生的心理问题呈上升趋势,尤其是小学高年级的学生,往往面临很多问题的困扰。小学教师应该承担起心理辅导者的角色,在教育教学过程中,依照心理健康教育的原则,充分了解每个学生的情感、意志、能力、气质、性格等特征,尊重学生的人格,维护学生的自尊心,消除学生的紧张和焦虑情绪,有的放矢地实施教育,保证学生健康发展。

(六)"终身学习者"角色

终身学习是21世纪的生存理念,对教师这一职业而言,更是如此。教师应该成为终身学习的实践者和楷模。社会在发展,知识领域在不断扩展和更新,教材在不断更新、改革,学生的认识水平也在不断提升,教师只有通过不断的学习,才能提高课堂教学的效率。小学教师要不断学习现代教育理论知识,研究基于网络环境下学习者的认知规律,更好地创设教学情境,研究如何提高学生的思维能力、创新能力及解决问题的能力等,并能够对网络教学资源进行评价、改善和充实。

二、小学教师素质提升

随着教育改革的不断深化,教育发展中出现的新情况和新问题不断对教师提出新的要求。俗话说"打铁还需自身硬",要适应互联网时代小学生的需要与特点,教师就必须不断提升自己的专业素质。

(一)小学教师素质的概念

教师素质是指能顺利从事教育活动的基本品质或基础条件。小学教师素质是小学教师在职业生活中,调节和处理与他人、社会、集体、职业工作等关系中应遵守的基本行为规范或行为准则,以及在此基础上表现出来的观念意识和行为品质。一名合格的教师应该具备多方面的专业素质,概括起来包括四个方面,即专业知识、专业技能、专业情意和专业精神。这四方面的发展水平决定了教师专业发展水平的高低。

(二)小学教师应有的职业素质

1. 专业知识

小学教师的专业知识包括通识性知识、本体性知识、条件性知识和实践性知识四个方面。

(1)通识性知识

通识性知识,即通常所说的一般科学文化知识。小学教师每天都在面对几十个充满好奇心、随时会提出各种问题的小学生，要有效应对他们的需求并能进一步激发他们的求知欲，教师就必须具备广博的科学文化知识。小学教师必须坚持不断地学习，以此提升自身的科学文化知识水平。

小学教师必备的通识性知识应当包括以下几方面：

第一，哲学类，如中国传统哲学、西方哲学、科学研究方法论等。

第二，自然科学类，如物理学、化学、生物学等。

第三，技术方法类，如体育技术、保健方法、计算机技术、应用文写作技术等。

第四，人文类，如历史学、社会学、政治学、经济学、文化学、地理学等。

第五，艺术类，如书法、音乐、舞蹈、戏剧、摄影、绘画、文学欣赏、影视评论等。

第六，综合类，如语文、数学、外语等。

(2)本体性知识

本体性知识是指小学教师具有的或擅长的特定的学科知识，如语文知识、数学知识等。本体性知识是教师知识的"核心"部分，也是教师职业身份的标志。一位教师的专业知识，首先是精通自己所教的学科，掌握本体性知识，能够准确无误地把本学科的知识传授给学生。扎实的本体性知识是教师的教育教学工作取得成功的基本保证。

(3)条件性知识

教师的条件性知识，主要由帮助教师认识教育对象、开展教育教学活动和教育研究的专门知识构成。在教学中，条件性知识涉及教师对"如何教"问题的理解。在教与学的领域中，教学过程被看作教师将其具有的通识性知识和本体性知识转化为学生可以理解的知识的过程。在这个过程中，教师遵循教育学和心理学的规律来思考通识性知识和本体性知识，即对通识性知识和具体的本体性知识做出教育学和心理学的解释。例如，如何处理教材，如何激发学生的学习动机，在课堂中如何组织、设计和实施评价等。因此，教育学与心理学知识被称为教师成功进行教育教学的条件性知识。

(4)实践性知识

以上三种专业知识的简单叠加并不能形成教师完整的知识结构，也不能带来教师专业素质的提高和发展，它们还必须由实践性知识进行整合，最终内化为教师的专业素质。实践性知识是指教师真正信奉的，并在其教育教学实践中实际使用和表现出来的对教育教学的认识。具体地说，它是教师教学经验的积累。比如，教师在教学中运用教育机制妥善地处理突发事件，巧妙地化解矛盾，保证教学顺利进行等，均是实践性知识运用的结果。

2.专业技能

专业化的教师需要拥有从事教育教学工作的基本能力和技能。教师的专业技能是指教师在教学过程中，运用一定的专业知识和经验，顺利完成某种教学任务的活动方式。它可以分为教学认知能力、教学操作能力和教学监控能力三个方面。

(1)教学认知能力

教学认知能力是指教师对所教学科的定理法则和概念等，以及对所教学生的心理特点和自己所使用的教学策略的理解水平。

(2)教学操作能力

教学操作能力是指教师在教学中使用策略的水平。其水平高低主要取决于如何引导学生掌握知识、积极思考、运用多种策略解决问题,具体包括制定教学目标的策略、编制教学计划的策略、选择和运用教学方法的策略、选择设计教学材料和教学技术的策略、课堂管理策略、教学效果评价策略等。教师综合运用各种策略解决各种问题和冲突的能力常常表现为教育机制,这是教师面临复杂的教育情境时表现出来的机敏、迅速而准确的判断和反应能力。它源于教师敏锐的观察、灵活的思维和果断的意志,也源于他们教育经验和知识的积累,以及对学生的了解和关爱。

(3)教学监控能力

教学监控能力是指教师为了保证达到预期的目的,在教学的整个过程中,将教学活动本身作为意识对象,不断地对其进行积极主动的计划、检查、评价、反馈、控制和调节的能力。

教师的专业能力结构中,教学认知能力是基础,教学操作能力是教学能力的集中体现,而教学监控能力是关键。

3. 专业情意

教师的专业情意日益受到人们的重视。它涉及态度、价值观、信念、兴趣和自我意识等方面的内容。

(1)专业信念

教师的专业信念是教师对成为一个成熟的教育专业工作者的向往与追求,它为教师提供了奋斗目标,是推动教师专业发展的巨大动力。具有专业信念的教师,对教学工作会产生强烈的专业认同感和投入感,抱有强烈的专业承诺,致力于提高专业才能及专业服务水平,努力维护专业的荣誉和形象。

(2)专业情感

教师的专业情感是教师专业发展的关键。一个好的教师必然热爱自己的职业,对教学抱以极大的热情,只有这样,他才可能积极地投入教学工作中去。教师在课堂教学中的情感投入主要表现为:对学生负责,为人师表,不断自我提高,与学生建立良好的信赖关系等。

(3)专业性向

教师的专业性向是指教师成功进行教学工作所具有的人格特征,或者说适合教学工作的个性倾向。霍兰德的职业生涯理论把从业者划分为六种类型:实际型、学者型、艺术型、社会型、事业型、常规型。他认为,社会型劳动者喜欢从事为他人服务和教育他人的工作,其个性比较适合做教师。

4. 专业精神

教师专业精神是教师专业素质中不可或缺的部分,是教师在专业活动中充分表现出来的风范与活力,是教师专业发展得以巩固、深化和发挥的动力,是教师内在素养在专业活动中的外在表现,是教育教学质量稳步提高的重要保证。

根据教师的专业性质和专业发展的过程,教师的专业精神包括以下三个方面。

(1)专业道德

教师专业道德既是教师专业精神的核心,也是教师专业的基本规范,是作为教师必须具备的最起码的专业精神。我国《中小学教师道德规范》即是这种专业道德的具体体现。

(2)专业认同

教师专业认同是指教师对自己所从事的专业活动的态度或价值倾向性。专业认同是"专业性职业"共同的特征。教师的专业认同表现为对教育事业的热爱,对学生的热爱,对国家、社会和人民未来的高度责任感和使命感,以及因体验到较高的教学效能感和获得自我实现的满足而产生的自豪感。

(3)专业追求

专业性的职业都要求从业人员对专业精益求精,不断追求专业提升与发展。专业追求是教师专业精神的要求。当教师将自己的职业活动提升到专业层次的高度加以自我审视的时候,就会通过自觉不断的勤学和进取来维护专业尊严,赢得社会的尊重。教师作为专业工作者也有义务通过不断追求自身提高和专业发展来增强专业的不可替代性。

三、小学教师激励

(一)小学教师激励的概念

激励是一种激发人类行动潜能的过程。在心理学中,激励主要是指激发人的动机,使人有一股内在的动力,朝向所期望的目标前进的心理活动过程。小学教师激励就是小学管理者采取适当的方式,激发小学教师的工作热情和积极性、创造性,鼓励教师为实现教育教学目标而努力奋斗的一种管理活动过程。

(二)小学教师激励的方式

1. 物质激励

物质激励是指通过物质刺激的手段,鼓励教师工作。物质需要是人类的第一需要。与其他社会成员一样,教师同样需要生存和发展的必要物质条件。要通过物质激励,满足教师日益增长的物质需要,稳定教师队伍,调动教师积极性。物质激励的内容包括:加强学校办学硬件建设,加强校园环境美化建设,改善教师办公条件,提高教师福利待遇。其中,提高教师福利待遇是常用且重要的手段,它的主要表现形式有:正激励,如发放奖金、津贴、福利等;负激励,如扣发奖金等。

2. 目标激励

目标激励是指通过设置科学合理的学校发展目标,让教师看到未来美好的前景,并将这一前景与教师当前的工作学习和未来的个人发展联系起来,从而激励教师为实现预定目标而积极投身于学校的各项工作。实施目标激励最重要的是制定合理的目标,目标过高或过低都不会有激励作用。同时要注意将学校目标与教师的个体利益相联系。

3. 参与激励

现代人力资源管理的实践经验和研究表明,小学教师有着强烈的参与学校管理的要求和愿望。参与管理可以有效满足教师自尊和自我实现的需要。所以,创造和提供机会让教师参与学校管理,是调动教师积极性的有效方法之一。

4. 情感激励

情感激励是指学校领导通过谈心、家访、探病、交朋友等方式,与教师建立正式或非正式的情感联系,了解他们的发展愿望和遇到的种种困难,真诚地帮助他们解决问题,从而调动教师工作积极性的方式。

5. 榜样激励

榜样激励是通过领导者的以身作则和率先垂范,或通过发现、总结和宣传校内先进人物的典型事迹,为广大教师提供积极工作、努力进取的参照和范例,从而激发教师效法榜样奋发向上的动机。其中,校长和学校管理者作为榜样的激励作用最突出。

6. 工作激励

为了更好地调动教师工作积极性,管理者要考虑如何才能使工作本身更有内在意义和挑战性,满足教师的自我实现感。管理者可通过工作设计,使工作内容丰富化和扩大化;可通过教师与岗位的双向选择,使教师对自己的工作有一定的选择权;可通过对教师特长的把握,把教师放在适合的位置上;可通过工作轮换,增加教师的新奇感,使教师面对更大的挑战,诱发教师工作的积极性、创造性。

7. 荣誉激励

荣誉是众人或组织对个体或群体的崇高评价。荣誉激励是通过授予称号、表彰业绩等手段,调动教师工作积极性的方式。荣誉激励是满足教师自尊需要、激发教师奋力进取的重要手段。

(三)小学教师激励的原则

1. 公平公正

若要激励真正发挥调动教师积极性的作用,就必须坚持公平公正的原则。无论是激励制度的制定、激励对象的确认,还是激励方法与手段的选择,都要使全体人员感受到公平公正。

2. 物质激励与精神激励相结合

在小学教师激励中,物质激励是使用非常普遍的一种模式,发挥着重要的作用。但因其自身的局限,若过多运用物质激励,则会起到消极作用。为此,小学教师激励要善于将物质激励与精神激励相结合。精神激励是指营造良好、和谐的学校管理制度与工作氛围,让教师以主人翁的姿态和高度负责的精神投入学校的工作之中,与学校的发展需要同呼吸、共命运。加强师德师风建设是精神激励的主要手段。精神激励不仅可以补偿物质激励的缺陷,而且其本身对调动教师工作积极性就具有一定的作用。

3. 正激励与负激励相结合

学校对教师的激励,既要有正激励,也要有负激励;要以正激励为主,以负激励为辅。正激励是从正面进行鼓励的一种激励,主要形式有工作激励、参与激励、荣誉激励等;负激励包括淘汰激励、降职激励等。正激励是一种拉力,负激励是一种推力。只有正面激励,没有负激励,会使教师丧失危机感;相反,如果只有负激励,没有正激励,会使教师丧失信心。学校要善于掌握正、负激励的性质与作用,合理把握正、负激励的尺度,更有效地调动教师的积极性。

4. 个体激励与群体激励相结合

首先,激励应关注教师的个体需求差异。不同的人会有不同的需求,学校应根据个体需求差异制定多途径、多方法的激励机制,满足教师的不同需求,从而最大限度地激发教师的积极性。其次,激励应善于调动全体教师的工作积极性。教育工作是一个系统工程,它需要全体教师的通力合作,以形成教育合力。同时,任何优秀教师的脱颖而出都离不开教师群体的支持与促进。优良的群体是教师个人成长进步的前提条件。所以,学校要善于将个体激励与群体激励有效地结合,既激励优秀的个体,也激励优秀的群体。

四、小学教师自我管理

调动教师积极性,促进教师专业发展,需要学校和社会给予必要的鼓励和支持。但外因要通过内因才能发挥作用,所以,小学教师管理还要善于调动小学教师自我发展的内驱力,引导小学教师开展自我管理。

(一)小学教师自我管理的意义

自我管理就是对自身的身体、思想、情感、意识形态等的自主的管理。小学教师的自我管理,是指小学教师在教育教学过程中自我反思、自我否定、自觉校正不当行为的一种管理模式。小学教师的自我管理主要包括小学教师的感情控制、言行管理和教育机制等。

1. 自我管理是小学教师专业发展的内在激励机制

小学教师的专业发展不仅需要外部的激励,更需要自我管理和发展的激励。传统的学校管理基于管理者与被管理者"二元对立"的形态,教师被视为被动的"管理对象"。现代学校管理强调管理的人文性和人本性,强调小学教师在接受"外在制度"管理的同时,也对自身进行有效的管理。这要求小学教师在与组织管理不相冲突的前提下,能够运用各种技能、技巧减少职业压力,提升自我素质,愉悦自我身心,从而促进教师专业发展。

2. 自我管理能够促进学校整体效能的提高

首先,小学教师作为知识工作者,拥有独特的心理需求和特点。如果从一般被管理者的角度对其进行管理,就会压抑小学教师的需求,挫伤他们的积极性。充分重视小学教师的自我管理,可以满足教师的自尊需求,激发其工作积极性。所有教师工作积极性的提升,有助于学校整体管理效能的提高。其次,在小学管理活动中,小学教师既是被管理者,也是小学生的管理者。小学教师的自我管理状况不仅直接影响其自身的工作绩效,而且会影响小学生自我管理能力的形成。所有教师自我管理能力的提高,必然带来学生管理工作的良好成效,同样可以提升学校的整体管理效能。

(二)小学教师自我管理能力的提升

社会对小学教师的要求越来越高,而提高小学教师的专业素养越来越依赖小学教师自我管理能力的提升。

1. 自我认识

教师的自我认识是进行自我管理的基石。教师只有善于认识自我、分析自我、正确评价自我，才能做好自我管理。

(1) 认识自己的价值观

小学教师价值观是在日常的工作、学习、生活中逐渐形成的，是小学教师对是非、对错、善恶、美丑等的判断，对教师的个体行为发挥着指导、约束、规范的作用。小学教师应自觉反思自身的价值观，发扬其中积极的成分，纠正其中与教育工作不相适应的成分。

(2) 认识自己的优缺点

每个人都有自己的优缺点，对自身优缺点的准确认识是个体发展的基础。小学教师要善于根据教育行业的要求，反思自身的优缺点，使自己更适合教育工作的要求。

(3) 认识自己的学习方式

小学教师由于自身原有的知识结构、接受与积累知识等方面存在的差异，致使在所擅长的学习方式、所需要的学习环境等方面，同样也存在着差异。小学教师了解自己的学习方式，才能更容易自我更新知识结构，对自己的知识进行管理和应用。

(4) 认识自己的工作方式

小学教师工作的性质，决定了小学教师在教育教学活动中具有很强的自主性，但同时也需要其他教师的配合。学校的每一个学科都是一个相互协作的团队，在这个团队中，不同教师的生活习惯、性格特点、做事方式等各有差异。小学教师需要区分哪些工作适合与他人合作，哪些工作适合单独一人完成，哪些需要在他人的指导下完成。

2. 自我完善

(1) 沟通能力

有效沟通不仅是教师工作的重要前提，也是教师自我管理水平的一种体现。小学教师要善于做好与学校领导、同事、学生的有效沟通，从而提升自身的工作成效，树立良好的自身形象。

(2) 合作能力

学生的健康成长离不开教师群体的共同影响，任何教师的单打独斗都不可能奏效。小学教师应具有合作的意识和能力，与同事相互学习，相互合作，博采众长，共同进步。

(3) 控制能力

小学教师在工作中随时会遇到各种各样的问题，会产生不同程度的压力及不稳定的情绪，需要教师对自己的情绪进行有效的控制。要意识到压力是无处不在的，在压力面前应以积极的心态来应对。教师可以通过参加体育锻炼、专业心理辅导，建立和谐的人际关系，争取社会网络的支持等途径来进行自我调适。

(4) 自我竞争

一个教师的成长和发展，在很大程度上依赖自己的主观能动性，教师最大的竞争对手其实是自己。小学教师应该摆正竞争心态,认清竞争对手,善于自我竞争、自我超越,战胜自己,追求成功。

(三)小学教师自我管理的实施

1. 职业生涯规划

职业生涯规划是小学教师自我管理的基础,有清晰的规划才有可能让自己的人生变得丰富。小学教师从职业生涯的初始阶段就要对工作进行严肃认真的思考,权衡职业发展中的各种选择,对职业的各个阶段进行安排,依据规划要点,充分运用环境资源,发挥自我潜能。

2. 提高管理效率

小学教师每天都在面对各种琐碎、重复的工作和事件,面对这种工作现实,小学教师应该掌握科学的管理方法,合理安排工作事项,优化工作空间,提高工作效率。

第二节 小学生管理分析

一、小学生管理的目的

学生的发展在很大程度上取决于所在班级的生活质量,而学生的班级生活质量又取决于班级管理的质量。这一切归根结底是由于班级管理的目的决定的,因此,弄清楚班级管理的目的就有着非常重要的意义与价值。班级的管理目的是将小学生的智慧和力量转化为一种向心力,不仅实现班级目标,而且促进小学生自身的发展。

1. 形成班集体,培养自我管理能力

(1)班集体建设是班级管理的核心

班级管理是实现组织目标的手段。建立完善的班级组织——班集体,既是班级管理的直接目标,也是实现班级管理的终极目标的手段。所以,小学生管理的一个直接目的就是建立集体、形成凝聚力,它既是班主任的中心工作,也是学校教育教学和管理工作的基础。

(2)学生自我管理是班级管理的重要内容

班集体建设的一个重要内容就是要让学生养成自我管理的好习惯。现代班级教育要求以学生的全面发展为本,着力培养学生自主管理的意识和能力。

2. 落实素质教育,提升生命质量

素质教育的一个重要内容是面向每一个学生,着眼于学生的未来,帮助学生获得生存、发展和成功的能力。班级管理工作应以此为指导,以学生的自我约束为基础,以学生的自我管理为手段,以学生的自我评价为途径,以学生的自我发展为最终目的,提供和创造学生主动成长的机会。

此外,素质教育是以提高人的生命质量为宗旨的,它明确地把教育和人的生命发展联系起来,表现了教育活动的根本意义。因此,小学生管理的目的也在于提升学生的生命质量,让每一位学生的成长需要尽可能地被充分关注,使小学生能在复杂变化的世界中掌握自己的命运,并在主动参与创建更合理的集体的过程中,最大限度地发挥自己的潜力。

总之,小学生管理的目的是在建立民主型班级的基础上,促进小学生养成自我管理能力,提高其生命质量。

(三)小学生管理的价值

1. 做好小学生管理工作是素质教育的要求

素质教育是一种以提高受教育者诸方面素质为目标的教育模式。它重视人的思想道德素质、能力培养、个性发展、身体健康和心理健康教育。小学生作为民族的希望和未来,他们接受的教育对于他们的发展至关重要。小学生管理是小学生健康成长、全面发展的一个重要保障,也是推行素质教育的一种途径与手段。因此,加强小学生管理工作是推行素质教育的要求,应将其作为一项重要工作加以落实。

2. 做好小学生管理工作是顺应学生身心发展规律的需要

小学生的身心发展特点决定了必须做好小学生管理工作。

(1)主观上,小学生更容易服从管理

由于小学生的年龄较小,生活阅历较浅,更容易听从教师的安排,因而易于管理。同时,小学生具有明显的"向师性"特征,很容易将教师视为自己心里的权威,在小学生眼中,教师就是"真理",教师的要求是必须遵守的,小学生对班主任及相关教师有着天然的尊敬之情。

(2)客观上,小学生更需要管理

儿童进入小学阶段,是他们人生中第一次踏入正式的学校系统。小学阶段与之前的幼儿园阶段在生活、学习、人际关系等方面都有了很大的不同。表现在:生活方面,小学阶段比幼儿园阶段的要求更高,规范也更多;学习方面,更强调结果的学习活动取代游戏成为儿童的主导活动;人际关系方面,小学班级的组织结构和人际关系更复杂,小学生的角色更为多样化。以上种种表现要求教师对小学生进行引导与教育。

小学生可塑性强而辨别力弱,容易接受外界的影响。尤其是当代小学生,生活在开放的环境中,生活在市场经济和各种新兴媒体的影响下,学习有了更优越的条件,发展有了更广阔的空间,同时,也更容易受到各种不良思想和生活方式的侵蚀。因此,社会需要教师,尤其是班主任,对小学生进行及时有效的教育与管理。

二、小学生管理的内容

(一)小学生学习管理

从事小学生的学习管理工作,既要关注小学生的学习态度,又要关注小学生的学习活动,二者缺一不可。

1. 小学生学习态度管理

态度是个体在对某件事物产生认识和情感的基础上形成的倾向性,它是个体人格的重要特征之一,学生的主要任务是学习,正确的学习态度是小学生的关键学习品质。小学生拥有正确的学习态度,不仅会热爱学习、勤奋学习,努力追求好的学习成绩,而且有助于形成其他良好的品德。

2.小学生学习活动管理

(1)课堂管理

课堂管理是指教师通过协调课堂内的各种教学因素,有效地实现预定的教学目标的过程。课堂是教学的基本场所,课堂中集结、交织着各种教学因素,以及这些因素相互作用形成的各种关系。课堂管理的主要功能就是协调、控制、整合这些教学因素及其关系,使之形成一个有序的整体,从而保证课堂教学活动的顺利进行。

(2)作业管理

合理布置作业和认真批改作业是教师日常教学工作的重要组成部分,是教师进行学习管理的又一重要形式。

(二)小学生品德管理

1.小学生品德管理的概念

所谓小学生品德管理,是指学校管理者根据一定的德育目标,遵循学校管理的一般规律,采用决策、计划、组织、指导与控制等管理手段,充分利用德育的各种因素和资源,对小学生的品德进行管理的活动。

2.小学生品德管理的内容

(1)注重思想品德课的教育作用,提高学生的道德意识

小学思想品德课是实施德育的主要途径,是向小学生系统地进行思想品德教育的重要课程,在提高小学生的道德意识和道德判断能力、培养道德情感方面起着重要的作用。

(2)开发多种途径,全方位开展道德教育

思想品德教育不能局限于思想品德课、班队会,环境社会和家庭也是对小学生开展德育的重要途径。

三、小学生管理的方法

(一)行政管理方法

行政管理方法又叫制度管理方法,是指学校管理者通过制定规章制度,对学生的某些行为进行约束,以达到学校规定的教育目标的管理方法。

行政管理方法的具体要求如下。

1.讲解规则,讲明道理

实施行政管理方法的前提是要让每个学生了解规章制度的内容和意义,通过各种宣传形式,提高学生执行规章制度的自觉性。要通过说服教育向学生说明制定制度、规则的目的和意义。

2.严格要求,认真监督

各种规章制度公布实行以后,就要严格检查监督,使学生严格按要求执行。对于违反规

章制度的人员和行为,要进行教育、惩处,保证规章制度的贯彻执行。

3.反复训练,形成习惯

若要将行政管理方法落到实处,就必须把执行规章制度和规则变成学生的自觉行动。这需要长期坚持不懈地教育和训练,将规章制度变成学生的习惯。

(二)思想教育方法

思想教育方法是指学校和教育者用一定的思想观念、道德规范等,对小学生施加有目的、有计划、有组织的影响,使他们形成社会和学校所要求的思想品德、行为习惯的教育方法。

思想教育方法的具体要求如下。

1.严格要求,率先垂范

教师要时时处处严格自律,慎言慎行,恪守师德,为人师表,以身作则。教师不仅要有渊博的知识、广泛的兴趣、坚强的意志,更要有昂扬向上的情绪和乐观开朗的性格,以自身良好的师德表现成为学生模仿学习的样板。

2.结合课堂,随时渗透

教师的职责是教书育人,其中,育人是关键。教师可以结合课堂教学内容,随时随地对学生进行思想品德教育。这样可使学生在潜移默化中,自然而然地受到良好的思想品德和行为习惯教育。

3.大处着眼,小处着手

教师要大处着眼,小处着手,促使学生养成自觉遵守纪律的良好习惯,促进班级向着良好的方向发展。教师不仅要善于观察身边发生的一些好人好事,而且还要善于把这些事例当成典型案例来对学生进行思想教育,增强学生的自觉性和集体荣誉感。

4.加强合力,构造网络

教师应构建学校、家庭、社会三位一体的教育网络,共同发挥教育合力,使学生在生活的任何情境中都能接受正确的思想教育。

第五章　小学基础要素管理

第一节　小学文化管理

一、小学文化的内涵和结构

(一)小学文化的内涵

1. 文化的概念

文化是一种包括知识、信仰、艺术、道德、法律、习惯,以及作为社会成员而获得的种种能力、习性在内的复合体。

2. 组织文化的概念

文化是一种复合体,融合着人类创造的一切物质和精神的成果。它作为人类社会整体结构不可缺少的组成部分,潜移默化地渗透到社会的各个领域及各种社会成员身上,表现出各种不同的形式,如政治文化、经济文化、企业文化、教育文化等。而多种多样的文化形式都是在一定的组织形态中表现的,因此,管理学界把这些文化形式统称为组织文化。

3. 小学文化的概念

具体而言,小学学校文化就是指在一所小学内部形成的,被其成员共同遵循并得到同化的价值观体系、行为准则和思想作风等的总和。它是一所小学的综合个性的体现。

首先,小学学校文化具有内生性。小学学校文化是在一所学校内部历经长期的办学实践逐步积淀而成的,蕴含着丰富的属于学校特有的历史、人物、故事、传统等。它既不可能被"拿走",也不可能被"拿来"。小学学校文化是情境的、事实的,不是来自外面的。小学学校文化的建设者需要在情境和事实中构建、滋养和培育学校文化。

其次,小学学校文化具有学校个性。任何小学的学校文化都既有学校文化的共性,又具有属于自己的个性,而且更重要的是个性。不仅国与国、民族与民族之间的小学学校文化存在差异,即使一国之内、同一地区的小学校之间也会存在差异。每一所小学都会有属于自己的文化个性,并以此与其他学校相区别。

再次,小学学校文化具有整合性。小学学校文化是一个整合为一的统一体,学校文化的各个部分互相依倚,难以分解。我们在研究中将文化形态分解为不同的元素和成分,只是为着研究的方便。所以,观察、了解、学习一所学校的文化,必须依据整体的观念。

最后,小学学校文化具有深层次性。学校文化由外而内、由浅入深,具有不同的层次。

小学学校文化最主要的部分是学校的价值观体系、行为准则、思想作风、人际关系、精神楷模等深层次的内容,而非学校物质层面的建设以及学生社团活动、各种节庆活动等。

(二)小学文化的结构

1. 小学文化的核心

价值观是一个组织的基本理念和信仰,构成了企业文化的核心。小学文化的核心是小学的价值观。价值观埋在学校文化圈层的最深处,看不见,摸不着。

学校价值观是学校师生员工在教育实践过程中推崇的基本信念和奉行的工作目标,是全体成员一致认同对学校教育意义的终极判断。虽然价值观不像组织结构、规章制度、战略和预算那样"刚性",而且常常并未用文字表述出来,但对文化的各个层面起着最终的制约和影响作用。一所小学做什么、不做什么,赞同什么、反对什么,表扬什么、批评什么,重视什么、轻视什么,其背后都是价值观在发挥着作用。价值观是一所小学生存与发展的精神支柱,决定着学校的基本特征,规定着学校的发展方向,对师生员工的行为具有规范和导向等多方面作用。小学文化由内而外的各个圈层,都应与价值观保持一致。

2. 小学文化的价值观

小学文化以价值观为核心,文化的其他方面都是围绕价值观来形成的。

(1)精神文化

小学精神文化是学校在长期的教育实践中形成的,并为全体或大多数师生员工接受、认同、遵循的精神成果与文化观念。精神文化包括学校的办学理念、思想作风、办学历史传统、英雄模范人物、仪式庆典等。精神文化处于学校文化总体结构的深层部位,是学校一切工作和行为的理念导向。精神文化植根于学校的办学历史进程中,赋予学校特有的个性魅力,对师生员工产生巨大的影响作用,特别对学生的全面发展和终身发展,发挥着特殊的功能。

(2)制度文化

小学制度文化是学校在实践精神文化的过程中形成的管理制度、管理文化及其实施的保障机制等的总和。制度文化通过明确告知行为者什么是应该做的、什么是被鼓励的等,为学校的价值观外化为师生员工的自觉行为起到规范和保证作用。

(3)行为文化

小学行为文化是学校全体成员在精神文化引领下,在制度文化规范下所形成的,为社会认可,并具有学校个性特点的行为方式,以及承载和表达这些行为方式的活动的总和。小学行为文化包括校风、人际关系、行为举止、文明礼仪等。

(4)物质文化

小学物质文化是学校文化的外在标志,是在教育实践过程中,由学校成员创造的,以物质形式表达的学校表层文化。学校物质文化往往与视觉、听觉识别系统联系在一起,是学校文化的物化表达形式,能够让学校文化可见可闻。小学物质文化主要包括学校物理环境和文化设施等物质载体。其中,物理环境主要包括学校建筑、学校布局、校园景观、绿化美化、设施设备等,文化设施主要包括图书馆、网络设备、展示橱窗等。

二、小学文化的特点与功能

(一)小学文化的特点

1. 小学文化是一种亚文化

亚文化又称次文化、小文化、集体文化或副文化,是社会学中的名词,是一个相对的概念,是相对于主文化(也称母文化)而言的,是指在某个较大的主文化中的较小文化。规范地说,亚文化是指在主文化或综合文化的背景下,属于某一区域或某个社会组织所特有的观念和生活方式。一种文化通常可以包含很多亚文化。亚文化不仅具有与主文化相通的价值与观念,也有属于自己的独特的价值与观念。

相对于社会的主文化而言,所有学校组织的文化都是亚文化,都是在社会主文化背景下形成的,与社会主文化具有密切的关系,受到主文化的制约和影响。同时,作为亚文化,学校文化又具有自身的特殊性,并由此与社会主文化以及其他亚文化相区别。强调管理的教育性,就是学校文化的一个重要特点。学校文化作为亚文化,在接受主文化的影响和制约的同时,还会以自身特有的方式反作用于社会主文化,丰富或纯化社会主文化。

2. 小学文化是主动建设的文化

文化从其形成过程而言,可以有两种情形:一是自然形成的文化;二是有目的、有计划建设的文化。学校文化作为以育人为宗旨的学校组织的文化,不是自然形成的文化,而是教育工作者有目的、有计划建设的文化,体现着社会和学校对教育工作以及受教育者成长结果的理想和期待。

3. 小学文化是过滤了的文化

社会主文化博大深厚,但同时也存在着一些芜杂和糟粕,不利于未成年人的健康成长。学校文化建设必须对社会主文化进行甄别、过滤,选择吸收主文化中的精华,剔除其中的糟粕,并通过学校教育和管理活动加以整合、改造,将其纳入学校文化的体系,形成学校文化的一部分。

4. 小学文化是综合性的文化

学校教育工作是成年人向年青一代施加影响的过程。在这一过程中,虽然有个体教师的流动变更、个体学生的毕业离校,但永远有教师群体与学生群体的存在,也就永远客观存在着两种文化,即成年人的文化和年青一代的文化。学校文化永远是成年人文化与年青一代文化的综合体。

(二)小学文化的功能

1. 导向功能

导向,即引导方向。小学文化的导向功能是指,学校文化可以引导学校组织和师生个体的价值取向和行为取向,使之符合学校的价值观和奋斗目标。

学校文化集中反映了学校成员的共同价值观、理念及利益,因此,它对学校成员具有一种强大又无形的感召力,可以把学校成员的理念和行为引导到学校既定的目标方向上来,使学校成员为实现学校目标而共同努力。

2. 规范功能

小学文化的规范功能也被称为约束功能,是指小学通过形成被学校成员共同认可的价值取向与行为准则,在学校中形成一种无形的、内隐的行事准则和习惯方式,使学校成员在从众心理的影响下,自觉运用这些准则和方式等约束自己的言行。

小学文化的规范或约束功能的实现,不是依赖强制的规章制度,而是基于人的从众心理。在任何文化中,都很少有人愿意长期独自徘徊于文化之外。文化是人类创造出来的,反过来,它又规范和制约着人们的思想和行为。生活在某种文化背景下的人,就必须去适应这种文化,否则必为群体所不容。

文化虽不是正式的规则或政策,但它最终决定了你可以做什么、不可以做什么。学校文化更主要的表现是"不成文的规则"。学校也许不会给每个成员一本关于在学校中应该或不应该的规则的小册子,校长也不会整天明显地按照这些规则进行管理,但这些规则真实地存在着,并深刻地影响和制约人的思想和行为。任何组织成员都必须清楚地了解它们,否则就会被看作不懂得做事规则的人,难以在这个组织中立足,或被其他成员孤立。一个人的言行会在学校其他成员的影响下走向学校文化所期待的方向,同时,学校组织的价值观一旦被组织成员发自内心地认同,组织成员就会自觉地按照这些观念和规范去言行,产生一种理应如此的感觉。如果违规,即使不为人知或不被指责,也会感到内疚不安而反省自己。

3. 融合功能

学校的师生员工是带着各自的特质和差异来到学校的。个体的特质和差异,可能会使师生员工在价值观、思想、行为等方面产生冲突。小学文化的融合功能是指良好的学校文化可以通过消除隔阂差异,将特定的价值观念、思想作风行为准则等,融化为学校成员的内在素质,形成主流价值认同,使具有不同特质的组织成员为了实现组织的共同愿景而求同存异,协调合作。

学校如果没有良好的文化,会导致组织成员遇事只顾自己或只顾小团体利益而放弃组织整体的利益,会导致利己主义的文化。当需要密切配合时,他们无法很好地配合。当来自不同文化的人们聚集在一起时,每个人听到的都是不同的声音。在这种状态下,组织成员不仅不可能在价值观上与学校保持一致,甚至会以自身的不良价值观削弱学校价值观的力量,最终受损的是学校组织的长远发展。

如果学校拥有良好的文化,就可以使学校成员形成一种共识,即学校的共同价值高于个人价值,共同协作高于个人单打独斗,集体利益高于个人利益,就可以通过团队、信任、友谊、合作、批评等方式,使师生员工在每天的耳濡目染中,逐渐把自己的价值观与学校的价值观统一起来,自觉以学校的共同利益为重,为实现学校的共同愿景去工作。每当涉及利益冲突时，师生员工总会首先想到"我们"，想到集体和学校的利益。

4. 凝聚功能

小学文化的凝聚功能是指，文化就像一种强力黏合剂，能把全体学校成员紧密地联系在一起，使大家同心协力，为实现学校组织目标而努力。

凝聚功能的表现是通过共同的价值观，使组织内部存在共同的目的和利益，并使其成为组织成员的精神支柱，从而把组织成员紧密地联结起来。

5. 辐射功能

小学文化的辐射功能是指，良好的学校文化一旦形成较固定的模式，不仅会在学校内部发挥作用，还会通过各种渠道传播到社会上，丰富或纯化社会文化，进而塑造学校良好的形象。

学校是人才聚集的场所。学校不但可以在知识、技术方面影响社会，而且在树立标准、展示理想、坚定信念方面也可成为社会文化的先导。事实上，许多具有时代气息的先进思想、口号都是在校园首先亮出，而后深入社会民众之心的。

学校文化的辐射功能主要是通过或借助以下途径实现的：第一，"软件"辐射，即通过学校精神、价值观、伦理道德向社会扩散，与社会产生某种共识，并为其他学校或组织借鉴、学习和采纳。第二，产品辐射。学校的产品就是学校培养的学生，学校通过学生的质量向社会辐射，使外部社会成员，如学生所居住的小区、乡村的公众等，根据学生的各方面表现推知学校的价值观。第三人员辐射。即通过学校领导者和广大教职员工的思想行为，展示、体现学校的精神和价值观，向社会传播学校文化。第四，宣传辐射，即"为辐射而辐射"。它具有针对性，通过具体的宣传媒介和工具把学校文化向外扩散传播。

三、小学文化的建设

（一）小学个体文化建设

人是文化的负荷体。学校领导者、学校教职工、学生都是文化负荷体，其载负的文化的量与质都会对学校文化产生影响。建设小学学校文化，必须首先建设好学校成员的个体文化，高明的学校管理者深知学校组织文化对个体的塑造作用，以及良好的个体文化对学校组织的影响，所以，他们会坚定地、理直气壮地建议和要求学校成员在工作生活中遵守学校制定的标准。所以，在从事学校文化建设时，他们不仅要求自己成为具有象征意义的演员兼导演，而且他们更重视师生员工的个体文化是否与学校组织文化的方向一致。

1. 校长个体文化的建设

有人说，学校文化即"校长文化"，因为从根本上说，学校文化总是反映校长本人特有的价值观念和领导风格。伟大的教育家陶行知先生指出："校长是一个学校的灵魂，要想评论一个学校，先要评论它的校长。"校长个体文化的建设是学校文化建设的关键。校长拥有什么样的思想观念和价值理念，用什么样的标准和规范要求师生，用什么样的理想和信念引导师生，都会对学校文化产生关键性影响作用。所以，要建设良好的学校文化，首先就要建设优秀的校长个体文化。校长个体文化建设是小学文化建设的关键。

2. 教师个体文化的建设

教师文化是指教师个体拥有的文化。教师文化具有与校长个体文化一致的结构，同样由核心层、表现层、展示层组成。它以价值观念为核心，反映在教师所想、所说与所做之中。

教师文化是学校文化的重要组成部分，在学校组织文化的建设发展中发挥着重要的作用。

(1) 教师文化是学校组织文化建设的基石

教师，尤其是一线任课教师和班主任，是学校工作队伍中人数最多的群体，同时又是与小学生交往频率最高、对小学生影响最直接的人群。教师的使命是教书育人，他们的工作更多地处于学校文化建设的突出位置或"前沿阵地"。在班级文化、课堂文化建设中，他们常常既是"导演"又是"演员"，并且常常承担着"主要角色"。因此，教师文化在学校组织文化的建设中发挥着基石的作用。

(2) 教师文化对学生成长发展起示范作用

教师不仅是知识的传播者，还是人格的塑造者。教师不仅通过知识的传递以"言传"的方式影响学生，同时还必然通过仪表示范、感情交流、价值观念提升等"身教"的方式潜移默化地感化学生，成为学生成长中的真实榜样。由于人格培养中经常是"身教胜过言传"，因此，教师文化也常常是学校文化中学生文化及其他文化的示范者，表现出榜样的力量。

(3) 教师文化对班级(课堂)文化起塑造作用

班主任和任课教师的工作场所主要是班级和课堂。在日复一日的班级管理和课堂教学的过程中，教师文化潜移默化地影响和塑造着班级和课堂的文化，使每一个班级拥有不同于其他班级的文化，使每一门课程或每一个教师的课堂拥有不同于其他课程或其他教师课堂的文化。例如，有的班级活泼，有的班级沉稳，有的课堂专制，有的课堂民主等，均与班主任、任课教师有着直接的关系，正所谓"班如其人""课如其人"。而不同的班级文化、课堂文化，又对学生文化的形成和人格的发展，发挥不同的影响作用。

(4) 教师文化对学校的生存和发展起支撑和动力作用

健全、良性的教师文化一旦真正形成，必将在长时期内持续发挥功效。学校要生存，要保持良性的发展，就必须依赖良好的教师个体文化的深层次支撑。同时，教师拥有良好的个体文化，必然会对学校组织提出更高的发展期待，这种期待会成为学校进一步发展的动力。

基于教师文化的上述作用，任何学校都应把教师文化建设作为学校组织文化建设的重要内容，从个体文化的各层面提出建设的要求。

(二) 小学组织文化建设

1. 确立并实践学校积极个性的价值观

价值观是组织文化的核心。无论学校的组织结构或规章制度、监督检查如何精细、严密,都会有顾及不到的时间或空间,那么,在这样的时间和空间里就可能会有不合规范的人或事出现。而良好的文化可以在这样的时间、空间里发挥重要的规范作用。学校成员一旦认同某种价值理念,即使没有人监督检查,也会自觉按照这种价值理念约束自己的言行。所以,在学校组织文化的建设中,首要的就是确立并实践积极个性的价值观。

2. 学校精神文化建设

小学精神文化在内容上包括小学的校风、校训、校服、校歌、仪式庆典(艺术节、文化节、升旗仪式、节日庆典等)、办学历史传统、著名校友、英雄模范人物、学校人际关系氛围等。精神文化的所有方面在与学校的核心价值观保持一致的同时,也在展示着学校的核心价值观。通过观察了解一所学校的校风、仪式庆典、树立的英雄模范等,可以推知学校的核心价值观。

3. 学校制度文化建设

无规矩不成方圆。学校管理制度在学校管理中发挥着重要的作用,是学校教育实践活动和教育质量效果的保证。作为一项常规管理的重要内容,任何学校都会制定和完善各项规章制度。但学校制度文化建设不仅仅指制定和完善应有的规章制度,更要关注制度本身,以及制度制定、颁布、执行过程中潜在的文化因素,赋予制度精神、人文的色彩,尤其应该在制度条文中突出学校发展目标、价值观念、素质要求、作风态度等精神文化方面的条款,赋予制度人性和灵魂,让师生员工发自内心地认同制度并自觉遵守制度。

4. 学校物质文化建设

小学物质文化包括小学校园的选址,校舍的规划布局、造型,设施设备,校园的净化、绿化、美化等。它既是小学学校文化的空间物态形式,又是小学学校管理文化、精神文化、个体文化等的物质载体。小学物质文化是直观的、外显的文化,直接营造小学的文化氛围,展示学校的价值观。良好的小学物质文化不仅有实用性,而且有审美性、生态性和教育性。小学生年龄小,可塑性强,易受环境影响,良好的学校物质文化环境是小学生成长的"大染坊",小学生于天长日久的耳濡目染之中习得学校的价值理念。所以,小学必须重视物质文化的建设,为小学生的健康成长营造良性的环境。

5. 小学外部环境文化建设

小学文化建设不能仅仅停留于学校组织内部的文化建设,还要关注与学校密切相关的学生家庭文化和学校所处的区域文化的整合,为学校文化建设营造良好的外部大环境。区域文化和学生家庭文化对小学文化建设的影响是一种客观存在,理应受到充分重视。在现代开放的教育发展趋势下,建设小学文化必须善于做好对外部环境文化的整合。

(1) 与学生家庭文化的整合

家庭是天然的学校。家庭规模的大小,家庭的社会经济地位,家庭成员的文化教养、兴趣、爱好、相互间的态度和感情关系,家庭的气氛和管教方式等种种因素,都会潜移默化地影响儿童的独立或依附、积极或消极、友好或对抗、关心或嫉妒、勤奋或懒惰等人格的发展。尤其在小学阶段,学生的模仿性强,缺乏是非分辨能力,家长的态度、言行等时时会从正面或反面对孩子起到教育影响作用。家长和家庭教育的影响必然会体现在小学生的个体文化中,通过各种各样的途径和方式渗透进课堂、班级和学校,影响学校的文化面貌。所以,小学文化建设必须整合学生家庭的文化,使其与学校文化同质、同向,共同形成对小学生的良好影响。同时,学校还要善于吸收、借鉴小学生家庭教育中的良性文化因素,弥补学校文化建设的不足。

(2)与区域文化的整合

区域文化与小学文化存在着相互影响、相互制约的作用。区域文化是小学文化形成的土壤和环境。任何学校文化的形成都不可能完全摆脱所处区域文化的制约影响,在学校文化中必然具有区域文化的色彩。良好的区域文化有利于良好的学校文化的形成;反之,不良的区域文化则可能给学校文化及其建设带来各种不利的影响。但是必须看到,学校作为育人的社会机构,具有自身很强的能动性,其在受到区域文化影响制约的同时,还会积极作用于区域文化,通过发挥辐射功能,利用各种渠道影响所处的区域文化,使区域文化变得更加丰富、更加纯净。

综上分析,小学组织文化建设对区域文化的整合不可或缺,具体表现在:第一,小学文化建设要服从或服务于区域文化的建设,利用自身的学科与人才优势,为区域文化建设作贡献,使小学文化与区域环境相吻合。第二,小学文化建设要善于吸纳区域文化的有益成分,特别要善于吸纳区域内传统文化的优秀成分,以区域内的良好文化为学校文化建设奠定基础。第三,小学文化建设要对区域文化进行鉴别,过滤和剔除不利于小学生身心发展的因素。第四,小学要通过文化辐射功能,利用各种方式、渠道,引领区域文化的建设方向,改造区域文化中的不良成分,营造更加有利于小学生健康成长和区域公众健康文明生活的文化环境。

第二节 小学形象管理

一、小学形象概述

(一)小学形象的概念

1. 小学形象

"形象"一词的本意是指人与物的形体、相貌、外观。但谈到包括学校形象在内的社会组织形象,则属于公共关系学的研究范畴。所谓社会组织形象,则是指社会公众对社会组织的整体印象和评价,是社会组织的特征和表现在公众心目中的反映。

按照这样的界定,所谓小学形象,就是社会公众按照一定的标准和要求,对小学进行综合评价后所形成的总体印象。

2. 小学形象含义的深层分析

(1)小学形象的塑造主体是学校组织及其成员

小学形象是社会公众对学校做出的评价,评价的基础和依据是学校办学的客观实际状况。小学自身的情况,包括精神面貌、价值观念、管理水平、行为规范、道德准则、工作作风、教师队伍、学生质量、学校环境等,都是社会公众评价的客观依据。只有小学的所有人和事都处于较好的、令公众满意的状态,才能给公众留下良好的印象,获得公众良好的评价。

任何小学组织都是由一个又一个具体的学校成员组成,在公众的眼中,任何一个学校成员都不是单独的个体,而是小学组织的有机组成部分。公众观察一所小学,不仅关注小学整体的运行状况,同时也会关注小学内部每一个人、每一件事的具体状况。无论是小学领导、普通教职工还是学生,其形象都是小学整体形象必不可少的组成部分,在形成小学组织整体形象的过程中均发挥着重要的作用。任何个体的良好形象都在为学校整体形象加分;相反,任何个体的不良形象也都在为学校整体形象减分。所以,要塑造小学良好形象,不仅需要组织层面的积极行动,更需要每个个体的积极行动。

(2)小学形象的评价主体是社会公众

社会公众作为小学形象的评价主体,是一种客观存在,掌握着学校形象评价的权利。公众的评价权是一种自然获得权利,而不是被赋予的权力,是伴随其成为小学的公众自然获得的,而非由学校或机构赋予。正因为如此,公众对学校的评价权利,是任何学校或机构无法剥夺的。只要有学校存在,只要有学校的公众存在,对学校评价的权利就自然存在。

社会公众作为小学形象的评价主体,是学校的主观需求。任何学校的发展都离不开公众对学校的良好评价,离不开公众从自身角度对学校的认可和宣传。所谓"金杯银杯不如老百姓的口碑",就是这个道理。事实上,离开社会公众这一感受主体,学校形象就无从得到反映。所以,从学校发展的角度而言,学校自身也需要公众关注学校、评价学校。

(3)小学形象的形成手段是传播、沟通

学校与公众交往需要传播、沟通。传播、沟通是连接学校与公众的桥梁,从一定意义上说,学校形象塑造活动就是以传播、沟通为主要手段的,学校与公众之间的交往互动行为。没有传播、沟通,学校与社会公众之间的关系就不存在,学校形象便无法宣传。

学校形象塑造需要传播、沟通。学校要在相关公众中拥有比较高的知名度和美誉度,必须充分依靠传播、沟通。否则,学校便不可能被公众知晓、了解,更不可能获得公众的信任和支持。

学校形象维护需要传播、沟通。传播、沟通有助于协调和解决学校与公众之间的矛盾冲突,避免引起尖锐对立。通过传播、沟通,学校可以引导公共关系朝健康有序的方向发展,从而保证形象塑造的有效性,防止形象遭到破坏。

任何学校都需要公众的理解与合作,而争取公众理解与合作的最有效手段就是传播、沟通。让公众知晓学校的真实情况和诚意,同时也了解公众对学校的实际看法和特殊需求。没有传播、沟通,学校便无法与公众建立良好、顺畅的关系,误会、摩擦甚至对立便会形成,更遑论塑造学校的良好形象。

(二)小学形象的价值

1. 形象是学校的无形资产

任何社会组织的资产都可以分为有形与无形两大类。所谓有形资产,是指那些具有实体形态的资产,包括房屋、设施、设备、办公家具等具有实物形态的资产。所谓无形资产,指不具有实体形态的资产。学校形象就是学校的无形资产。

有形资产是物质资产,有使用价值,但其价值会随使用磨损而递减,更不会增值。无形资产是非物质资产,它也具有使用价值,但其价值不仅不会随使用而递减,反而会增值,甚至创造新价值。良好的学校形象作为学校的无形资产,其价值可经久不衰,时间越久,知名度、美誉度越高,其价值也就越大。

有形资产的价值是由它的有形性质创造的,来自它的物质特征。也就是说,有形资产的可触的、有形的和可视的因素赋予其价值。而无形资产的价值则由它的无形性质创造,无形资产的价值或来自某些权利如许可权、抵押权等,或来自一些无形因素影响,如竞争优势、独一无二性等。这些无形资产的价值来源都是无形的。

学校的有形资产仅提供物质基础,无形资产才创造真正的价值。

学校形象是学校的无形资产,存在于社会公众的心目中,表现为学校在公众心目中的知名度和美誉度,表面上是无形的,看不到,摸不着。但学校形象是有价值性的。学校形象是学校的无形资产和宝贵财富,是学校生存与发展的基础。

2. 形象是学校的资源引力

任何学校的生存发展都离不开诸如人力、物力、财力、公众心理、舆论等办学资源的支持。学校有良好的形象,就能得到公众对学校的认可,公众就愿意把资源投向学校。良好的形象起着吸引、聚合资源的作用。也就是说,良好的形象作为无形资产,可以为学校引来有形资产。相反,学校形象不佳,公众不认可学校,社会资源就会远离,学校的发展就会受挫。

具体而言,学校良好形象的资源引力作用体现在以下方面。

(1)良好的学校形象可以优化学校的宏观资源环境

学校的良好形象有助于提高学校在社会上的地位,赢得社区公众的理解、信赖和支持,从而优化学校的宏观生存环境。学校的社会地位高,办学的社区环境好,学校的发展就如鱼得水,学校与外界的交往就会很方便。

(2)良好的学校形象有助于赢得同行的帮助和教育主管部门的悉心指导

在办学过程中,同行之间的相互切磋与帮助对提高办学质量和效益具有重要作用。学校形象好,同行就愿意相互取长补短,愿意建立稳定的交流关系,共同实现提高办学质量和办学效益的目的。同时,学校形象好,在办学过程中也必然会得到教育主管部门的信赖和支持。教育行政部门还会对典型学校给予人力、物力、财力等方面的特殊支持,以促进其进一步发展。

(3)良好的学校形象有助于稳定教师队伍和吸引优秀教师来校工作

学校形象好,就仿佛拥有强大的磁场力,不仅能稳定住已在学校就职的教师,而且能吸引校外的优秀教师来校工作。事实表明,在教师工作调动季节,社会形象好的学校,要求前来就职者门庭若市;社会形象差的学校,不仅很少有人愿意来校就职,就连已经在校的就职者也难以留住。

(4)良好的学校形象有助于吸引优秀生源

学校形象好,自然会让学生心向往之,优秀的生源便会源源不断。相反,学校形象不佳,学生与家长唯恐避之不及,自然难以吸引优秀学生。

综上所述,良好的形象不仅能给学校带来良好的生源,也能吸引来优秀的教师;不仅能赢得家长的信任,还能赢得社会的广泛资助;不仅能赢得领导和政府的关注、重视、支持,甚至能赢得政策的倾斜。这一切都能最大限度地优化和拓展学校生存与发展的空间,使学校在竞争中保持优势。

3.形象能提高学校的风险规避能力

学校塑造良好的形象,获得"人和"的环境,有助于保持学校发展的长久顺境。其中,社区和行业是必须努力争取的"人和"对象。社区是学校生存和发展的土壤,良好的学校形象有利于学校与社区之间理解、支持、信任、合作关系的形成。兄弟学校既是学校的竞争对手,又是学校发展的行业环境。良好的学校形象有利于消除因办学竞争带来的学校组织之间的隔阂,共享和谐的行业环境;不良的形象则会使这种隔阂加深加重,使学校变成"孤家寡人"。

学校塑造良好的形象,获得"人和"的环境,更有助于学校尽快摆脱困境、逆境。办学不可能永远处于顺境,不可能永远不遭遇危机。拥有良好形象的学校,在困境、逆境下可以获得公众发自内心的理解、信赖、支持,关键时刻可以得到各方面的援助。学校不仅可以尽快摆脱困境,走出逆境,甚至困境、逆境可以变作学校发展的机会。没有良好形象的学校,困境、逆境也许成为公众批判抛弃学校的缘由,困境、逆境有可能变成学校的绝境。

可见,良好的形象不仅能够给学校组织带来"人和"的顺境,更能帮助学校尽快走出困境、逆境,提高学校的风险规避能力。

4.形象是学校的教育因子

学生的成长发展,离不开对教育者的模仿,离不开教育环境的熏陶。良好的学校形象,是学校办学历史、学校文化和教育智慧的象征,其本身就是一种强大的正向的教育力量,能够为学生提供模仿、学习的良好榜样,使学生获得良好的思想品德、行为习惯。同时,良好的学校形象还对学生具有强大的激励作用。学生在一所社会形象好的学校学习,往往会有一种幸运感、自豪感和为校争光的使命感。为此,他们会充分发挥主体作用,认真做事,勤奋学习,积极配合教师共同完成教与学的任务,努力按照学校的形象要求,严格约束自己的言行举止,使自己无愧于学校的一分子。这一过程同样对学生起着教育影响作用。所以,良好的学校形象是对学生进行教育的宝贵资源,是学校"不说话的教育者"。

二、小学形象的构成要素

(一)人员形象

人员形象是指学校人员在精神风貌、学识修养、做人风范、治学风格、言行举止、待人接物、服饰打扮等方面塑造的形象。小学人员形象包括小学领导者的形象、小学教职员工的形象和小学生的形象。

1. 小学领导者形象

小学领导者形象是指小学领导集体的形象,其中,小学校长的形象尤为关键。学校是育人场所,在办学育人的过程中,小学领导者不仅全方位地置于内部师生员工的关注之下,同时也全方位地置于社会各界的注目之下。就学校内部而言,如果小学领导者有良好的形象,堪称做人做事的模范,那么,学校形象就可能好;反之,学校形象必然会由于领导者的原因而受到影响。就学校外部而言,学校领导者的形象是构成学校形象的首要因素。社会公众一般无缘广泛深入接触学校的人和事,学校领导者的形象就成为公众认知学校的窗口。公众会根据他们接触到的学校领导者所拥有的形象,推测他们领导和管理的学校的形象。

在现行小学领导体制下,小学校长是学校的法人代表,对内全面负责,对外全权代表学校,这就使得校长形象成为学校形象的关键要素。对学校内部而言,校长的形象对领导班子甚至整个学校,具有重要的典范作用。所以人们常说,有什么样的校长,就有什么样的学校。对学校外部而言,在公众认知学校时,校长的形象具有标识意义,公众会根据校长的形象推测学校领导班子乃至整个学校的形象,并进而对学校做出取舍。从某种意义上说,一个好校长就是一所好学校。作为一个社会角色,校长的形象不仅仅属于其个人,还与一所学校的形象密切相关。

2. 小学教职员工形象

小学教职员工形象是指学校教职员工群体和个体形象。

首先,教职员工形象是小学形象的重要组成因素。人们评价一所学校,总是注意评价它的师资队伍状况。名校培养名师,名师创造名校。没有高质量的师资队伍,就没有高质量的学校,这已成为人们的共识。因此,教师的年龄结构、学历结构、职称结构,教师的敬业精神、学识水平、师德修养,教师的人际关系、仪表仪态乃至言谈举止,都从不同的角度,在不同的程度上反映着学校形象。学校的所有教职员工,从班主任到任课教师,从门房的保安到厨房的工友,从办公室的接待员到图书室、实验室的管理员,他们的素质状况、工作质量都与学校形象有着密切的关系。

其次,教职员工形象是小学生重要的模仿榜样。教职员工是教学的具体施行者,其自身状况无不对小学生的成长构成直接或间接的影响。教职员工,尤其是一线的任课教师和班主任,是与小学生接触最多的人,他们的一言一行都被小学生关注模仿,他们自身的形象就成为小学生形象的重要影响因素。有什么样的教师形象,就可能形成什么样的小学生形象。对学生来说,教师的穿着、气质、风度无异于他们生活的蓝本。教师的一举一动、一颦一笑,都会给学生潜在的影响,甚至会引发他们模仿的愿望。如果教师精神饱满、朝气蓬勃、风度翩翩、举止大方、衣着得体、气质优雅、亲切平易,每天向学生展示的都是完美的"艺术形象",势必会引发小学生好学进取、奋发向上的精神状态。反之,教师不良的形象会使小学生学习情绪低落、学习状态松懈,甚至对教师的教学产生厌倦感,最终影响教和学的效果。

最后,教职员工形象是公众评价学校形象的重要依据。社会公众,尤其是在校小学生的家长,对学校形象的评价主要依据他们所接触的教职员工,特别是任课教师和班主任的形象。从一定程度上说,一线教师的形象就是公众眼中的学校形象。不仅如此,社会公众对教职员工形象的评价还是全员性的,无例外可言。教职员工中某个个体的不良形象,会影响公众对整所小学教职员工队伍的评价。所以,每一位教职员工都要从维护学校教职员工队伍整体形象的高度,看待自身的形象塑造。

3. 小学生形象

小学生形象是小学的"产品形象"。它是小学形象最生动、最直接的体现,对小学组织的整体形象有长远的影响。校风校纪的好坏、教育质量的高低,在学生身上一览无余。有一位老校长感慨地说:"评价一所学校管理水平的高低,只要站在校门口看看学生的上学和放学情形就知道了。他们的言谈举止、精神风貌是对学校管理水平的最好说明。"比如,经常会听到人们这样说,某人素质不错,他(她)是某学校毕业的。人们在日常工作或生活中对某学校学生的类似评价,就是对学校整体形象评价的极为重要的组成部分。评价的结论好,不仅可以使毕业学生和在校学生引以为豪,而且还会有效地光大学校形象;反之,社会公众心目中的学校形象就会向差的方面转变。

(二)工作形象

工作形象是指学校成员,包括学校领导者、教职员工和学生以其工作学习状态和质量效果所塑造的形象。也即公众对学校领导者和师生员工工作、学习的状况和质量效果做出的评价。学校工作形象包括学校领导班子工作形象、教职员工工作形象和小学生的学习形象。

学校领导班子的工作形象源于领导班子的管理理念、工作作风、管理成效,例如,是否有开拓精神,是否有长远的发展规划,能否有效地规避风险或处理学校办学可能出现的危机等。如果一个领导班子能够引导学校组织不断上台阶、提水平,学校面貌不断更新,学校办学不断取得成就,公众就会对学校有良好的印象,学校的形象就会得到提升。相反,如果领导班子走马上任后,学校办学原地踏步甚至出现倒退,公众一般会对学校产生负面印象,学校的整体形象就会下降。

教职员工的工作形象源于教职员工,尤其是一线教师和班主任的工作态度、工作质量效果。例如,教师备课、上课、教研是否认真,批改作业、辅导学生是否认真、耐心,对学生是否充满爱心、一视同仁等。

小学生的学习形象源于小学生的学习态度、学习风气、学习成绩等,形象的塑造根植于学校的日常工作。校内外公众对学校的评价,也往往建立在对其日常工作过程及质量效果的观察分析的基础上。学校人员的工作状态和工作质量效果,都在影响公众对学校的认知,都在塑造学校的形象。所以,要塑造良好的学校形象,学校必须苦练内功,扎实做好各项工作。

(三)环境形象

环境形象是指以学校的整体环境塑造的形象。也即公众对学校的整体环境进行感知后做出的综合评价。

环境是学校形象的直接来源,是学校形象的"门面",它最容易给公众留下直观的感受。人们走进学校,第一印象好不好,往往取决于环境形象。学校环境包括物质环境、精神环境和人际关系环境,学校的环境形象也由这几方面的因素塑造。

物质环境是学校最直观和外显的环境,包括学校的选址、建筑布局、装修设计、设施设备、办公用品、仪器教具,以及学校的净化、绿化、美化等。走进一所学校,物质环境往往是扑面而来的,它冲击着人们的感知觉,从而也自然在人们心中塑造着学校的形象。优美的校园环境,立刻给人以赏心悦目之感,使人精神焕发,得到美的教育和熏陶,不由得不对学校产生好的印象。相反,脏乱无序的校园环境,则无论如何难以使人产生愉悦之感,当然也就无法使人形成良好的印象。

精神环境是指弥漫在学校中的精神氛围,表现为学校成员自觉遵守和奉行的共同价值观念、学校精神、教育理念、教育行为方式、集体荣誉意识、团结协作的精神、不断追求进步的态度等,集中表现为学校的校风。对内,优良的校风对学校每个成员都起着潜移默化的作用,养成师生员工良好的道德习惯,培育师生员工的群体意识和团队精神,激发师生员工对学校的归属感和责任感。对外,优良的校风起着标识作用,告知公众学校的办学追求,从而在公众心目中塑造出学校的形象。

人际关系环境是指学校中人与人之间的关系状况。按照现行学校组织的层次,学校人际关系包括学校领导班子成员的关系、学校领导与教职工的关系、教职工之间的关系、教师与学生的关系、学生之间的关系。一所学校好不好,其人际关系是一个非常重要的衡量指标。没有良好的人际关系,就不可能有顺畅的人际沟通,也不可能有全身心的工作投入,公众很难相信学校会有好的办学质量。

(四)标志形象

标志形象是学校的各种标志物塑造的形象。学校标志形象包括基础要素和应用要素两大部分。其中,基础要素包括校名、校风、校训、校歌、校旗、校徽、校报、校刊、校色(标准色)等;应用要素包括校服、校车、办公用具(信纸、信封、证件)、教室与办公室的布置、学校宣传系统(贺卡、邀请函、请柬、手提袋、广告牌、标牌、网页)等。

学校标志形象的基础要素对应用要素起着制约作用,应用要素应与基础要素保持统一。良好的基础要素不仅可以吸引公众的充分关注,甚至具有历史传承的价值。

三、小学形象的塑造

(一)小学形象塑造的过程

1. 形象教育

形象教育是全部形象塑造工作的基础工作。这个基础打得好不好、牢不牢,直接影响形象塑造其他工作的开展和工作的效果。学校要通过形象教育,提升学校全体人员对形象及其塑造工作的价值和意义的认识,提高全体人员形象塑造的能力,使形象塑造真正成为全体人员的共同行动,在公众心目中真正塑造起学校的良好形象。

2．形象调查

形象调查是学校形象塑造工作必不可少的环节。所谓形象调查,就是要了解学校的实际形象与公众的心理期待之间的差距。学校形象是否良好,不取决于学校自身的意愿,而取决于公众是否认可、接受。所以,要塑造良好的学校形象,需要做好形象的调查工作。只有全面了解学校当前在公众心目中的形象地位,找到、找准实际形象与期待形象之间的差距,才能发现问题并对症下药,有的放矢地开展形象塑造工作,逐步塑造学校的良好形象。

小学形象调查可分为以下三个步骤。

(1)小学自我形象调查

小学自我形象调查是指通过对学校内部各项工作、各种要素的调查分析,对小学形象做出自我评价和判断。学校形象是学校人员、学校工作、学校环境、学校标志等的综合反映,小学自我形象调查就是要对上述各方面的情况做出科学的分析评价。这是小学形象调查的第一步或第一个环节。

(2)小学社会实际形象调查

社会公众和社会舆论对小学的认知和评价,就是学校在社会公众中的实际形象,即小学社会实际形象。它通常体现为学校在社会公众中的知名度和美誉度。小学形象调查的第二个环节就是通过舆论调查和民意测验,了解学校在社会公众中的知名度和美誉度,以测定和分析学校在公众心目中的地位、状态。

(3)小学形象差距分析

小学形象差距分析一般分两步来进行。第一步,围绕小学形象的各个项目,使用李克特量表制作"小学形象要素调查表",邀请有关被调查者对各调查项目给出自己的评价,小学公共关系人员对问卷进行统计,计算每一个调查项目各种不同程度的评价所占的百分比。

3．形象设计

所谓学校形象设计,就是建立学校形象识别系统。具体讲,就是将学校形象潜在的、深层的要素,变成直观外显的、标准化的、统一化的象征和符号系统。

学校形象设计的目的,在于把学校形象由内隐变成外显,由分散变成统一,集中地展示给公众,卓有成效地传播给公众,使公众更容易知晓学校、认识学校、了解学校,更容易形成对学校的整体印象。从学校外部而言,学校形象设计有助于学校向外界进行宣传推介,是使外部公众对学校留下深刻印象的一种手段。从学校内部而言,学校形象设计又是学校管理的一个重要组成部分,有助于全体师生员工对学校办学理念达成共识,产生对学校组织的向心力。

学校形象的识别系统由理念识别系统、行为识别系统和视觉识别系统三个部分构成。

所谓学校形象设计,就是学校理念识别系统设计、学校行为识别系统设计和学校视觉识别系统设计。

4.形象传播

传播是组织形象塑造的基本手段,没有传播,就没有公共关系。传播是社会组织为了塑造组织形象,利用传播媒介与公众进行交流与沟通的活动,也是社会组织面向公众的自我推介活动。

学校形象传播活动就是学校通过一定的渠道,运用一定的手段,将学校的形象及时、准确、充分地传达给公众。形象传播不仅可以使公众知晓、了解学校,增强公众对学校认同、支持的信心,还可以在特定情境下有效缩减对学校形象持反对态度的公众的范围,尽可能消除公众的不满情绪,防止对学校形象造成更大的伤害。

5.形象调整

通过形象的传播,学校向公众展示了自身的形象,但并不等于良好的学校形象就形成了。学校形象的优劣,评判权在公众,所以,在对学校形象进行传播后,学校还要运用各种方式、手段,收集公众对学校形象的评价反馈信息,并根据这些反馈信息,对学校的形象进行更加细致周到的调整,以使形象更加接近公众的心理期待,获得公众满意的评判。

公众对一所学校的心理期待是不断提升的,因此,学校需要不断调整自身的形象。就这一点而言,学校形象的调整永无止境,任何学校的形象塑造都不可能一劳永逸。即使学校在公众中已经建立起了良好的形象,也需要时时加以维护、调整和发展,以便不断改进和更新学校形象,使学校在公众心目中的魅力经久不衰。

(二)小学形象塑造的原则

1.自觉

学校良好形象的塑造,不是自然而然就能达到目的的,必须通过学校组织及其成员有目的、有计划的自觉行动才能实现。这就需要学校组织及其成员树立强烈的形象意识,保持形象塑造的积极性、主动性,使学校各个层次、各个序列、各个岗位保持最佳状态。

2.长期

学校形象不是一蹴而就的,而是一个持久努力的过程。这主要是由于,一方面,任何一所学校,从新建到成熟,从弱小到壮大,从无名到知名,都要经历漫长的实力积累过程。实力积累不足,无法使公众对学校做出良好的评判。另一方面,公众对一所学校,从陌生到熟悉,从不了解到了解,从旁观到支持,也需要经历漫长的观察了解过程。观察了解不够,同样无法做出评判。所以,对任何学校而言,形象塑造都是一项长期的、持续的系统工程,非一朝一夕能完成的,需要学校从战略的高度进行规划,付出长期的努力。

3.扎实

学校形象是一所学校办学水平的综合反映,是综合实力的体现,是办学历史和传统积淀的结果。良好的形象只能源于学校内在的质量、内在的实力。

社会公众是通过学校的工作质量效果来认识和了解学校的。学校只有创造扎实的工作质量和效果,才能在公众心目中拥有良好的形象。

虽然塑造形象需要一定的形式,但形式源于内涵。没有扎实的功力,仅靠形式主义的花架子,靠表面文章的轰轰烈烈,不仅无法获得公众的良好评价,反而会引起公众的反感。

"桃李不言,下自成蹊。"要塑造良好形象,学校必须苦练内功,摒弃浮躁的心态和华而不实、急功近利的做法,在提高教育教学和学校管理的工作质量上狠下功夫。学校领导者要扎实做好长期规划和设计,全体师生员工要脚踏实地付出努力。只有通过扎实努力,提升办学实力,才能为学校形象奠定可靠基础。这是塑造学校良好形象的不二之途,也是学校形象的根本所在。

4. 真诚

塑造学校形象需要技巧,但是比技巧更重要的是态度的真诚。学校在公众心目中的良好形象建立在彼此理解和信任的基础上,而尊重和诚实无疑是达成理解和信任的前提和准则。学校要塑造良好的形象,就要尊重公众的知情权,向公众提供事实真相。不仅向公众展示办学的成就,也向公众坦承办学存在的不足。否则,任何试图掩盖、隐瞒、歪曲事实真相,愚弄、欺瞒公众,践踏公众知情权的言行,都必然使公众怨恨愤慨,最终破坏学校自身形象。

5. 全面

学校形象是公众对学校各个方面、各项工作长期积累而成的主观印象,从师生员工的言行仪表到卫生环境,从组织管理到教育教学,组织形象塑造的工作渗透于学校的所有活动之中。所以,要塑造学校的良好形象,需要通过做好学校的各项工作来实现。任何层次、任何序列、任何岗位工作的失误,都会对学校整体形象构成不良影响。

6. 全员

学校形象是学校所有成员个体形象的总和。在公众心目中,学校的每一个成员,无论其层次、序列、岗位如何,都不是单独的个体,而是学校组织的有机组成部分。每一个成员的形象,都是学校整体形象必不可少的组成部分,都是学校形象的代表,甚至每一个成员的形象就是学校组织的形象。

学校形象塑造是全员参与、全方位实施的过程。从制订计划,到实施落实,都需要学校师生员工的共同参与。学校的良好形象也只有通过学校所有成员的共同努力才能塑造起来。任何个体的良好形象都在为学校整体形象加分;相反,任何个体的不良形象也都在为学校整体形象减分。所以,要塑造学校良好形象,不仅需要组织层面的积极行动,更需要每一个个体的积极行动。

学校要通过教育宣传,使所有成员充分理解和支持学校的形象塑造,以塑造和维护良好的学校形象为己任,从自身出发,从点点滴滴小事做起,展示令公众赞叹的良好形象,形成"人人是形象"的积极氛围,如此学校组织的良好形象才能最终形成。

7. 特色

学校形象不是一个抽象的范畴,而是一种生动、具体的存在。只要有学校的存在,只要有学校的办学活动,就必然会有学校的形象。学校的存在和办学活动千差万别,决定了学校形象的千差万别。学校发展定位不同、师资条件、经费支持不同,相应的学校形象设计的侧重点也有所不同。学校形象设计不存在千篇一律的"标准件",特色是学校形象设计的生命。

别具一格或差别化是一种重要的竞争战略。学校形象的塑造离不开公众对学校的深刻印象。而公众的深刻印象,来源于学校形象定位的个性和差异性。学校形象有个性、有差异、有自身的特色,才能与其他学校有区别,才能将学校从周围的环境中分离出来,才能吸引特定公众的注意力,成为特定公众知觉的对象,被特定公众识别和记忆,满足特定公众的偏好,甚至对其他公众产生某种吸引力和感召力,使学校获得竞争优势。

8. 灵活

塑造学校良好形象,需要抓住时机,灵活做好工作。时机是成功塑造形象的必备条件之一。善于捕捉、利用时机,就可能使形象塑造工作事半功倍;丧失时机,就可能使形象塑造效果大打折扣,甚至无效。同时,塑造学校形象,还需要采用个性化的、灵活的渠道、途径、方式、方法,不落俗套,给公众带来不同以往、有别于他校的新奇感觉。

第六章 小学教育资源开发与管理

第一节 小学课程资源与教学管理

一、课程概述

(一)什么是课程

课程是指学校学生所应学习的学科总和及其进程与安排。课程是对教育的目标、教学内容、教学活动方式的规划和设计,是教学计划、教学大纲等诸多方面实施过程的总和。

课程有狭义和广义之分。狭义的课程是指某一门或几门学科,也指学科教材。广义的课程是指由课程纲要、学科课程标准、学科教材、其他学习材料、教师和学生、教育环境等构成的一个生态系统,是学校为实现培养目标而选择的教育内容及其进程的总和。本章讲述的主要是广义的课程。

(二)我国的课程体系与变迁

改革开放以来,我国社会发生了深刻的变革,基础教育课程改革也伴随和适应这一时代潮流,获得历史性发展:在保证基础教育阶段课程共同发展的前提下,课程的选择性与适应性日益增强。我国课程改革积极探索对地方、学校以及学生的适应性,通过设置多样选择性的课程来满足不同潜质学生的发展需要。

就义务教育阶段课程来说,我国课程已改变了学校只有单一必修课的状况,建立了必修、选修、课外活动三结合的更加成熟定型的课程结构,在保障课程的共通性、基础性的前提下,课程的多样性、选择性不断增强。

(三)学校课程管理的原则和策略

1.学校课程管理的基本原则

①"三开"原则:按照国家课程标准,开齐、开足、开好国家规定的课程。这样,才能使国家的教育目标得以实现,"营养"得以全面。这是实施素质教育的基础。

②"适负"原则:学校课程带给学生的学习负担不能完全没有,但过重过轻均不好。应根据学生年龄段把学生的学业负担控制在适量水平。这是保证学生健康成长的前提。

③"人本"原则:学校课程的设置应以学生为本,以有利于学生的发展为第一目标;以教师为本,课程要有利于教师发挥和提升自己的专业才能,以教师成长保障课程效果的最大化。

④"闭环"原则:学校课程管理应遵循"设计/开发—实施—评价—优化—再设计/再开发"的闭环原则,才能使课程成为一潭"活水",保持活力,永远适合生情和校情。

2.学校课程管理的关键策略

①目标策略。明晰学校育人目标、办学目标,评估学生发展需要、学校发展需要、家长及社会需要,分析资源状况等。目标明晰,才能方向正确。

②谨慎策略。慎重制定《课程开发指南》、教师培训、自我申报、组织审议、编入《学生选修课目录与课程介绍》,由学生选择,最后由学校形成课程开发方案,落实执行。

③务实策略。实实在在做课程,不搞花架子。做好配套的课程教学指南、教师教学参考资源、学生学习指导、课堂教学模式研究等,在"抓落实"上下功夫,使教师教有所依,学生学有所得。

④评价策略。如何做到科学评价课程效果,也是非常值得慎重的事情。根据评价结果反促课程优化和改进。

二、学科课程与教学管理

学科课程在小学课程体系中对应的主要是国家课程这个版块,有的地区还包含部分地方课程。

课程管理,就是在一定社会条件下,课程管理者依据一定的管理原则和运用一定的管理方法,对一定课程系统的人、财物、课程信息等因素进行决策、计划、组织、指挥、协调、控制,以有效地实现一定课程系统预期目标的活动。

学校学科课程的管理职能主要由课程处承担。

(一)课程处职能与运转

学校设立课程处,执行校长意志,落实学校办学理念,代表学校进行学校课程(含学科课程)的教学管理。

教学管理是指运用管理科学和教学论的原理与方法,充分发挥计划、组织、协调、控制等管理职能,对教学过程各要素加以统筹,使之有序运行,提高效能的过程。它是课程落地的主环节之一。

有的学校也将课程处设立为教导处、教务处,行使相同或相似的职能。

1.教师招聘

根据学校课程设置、班级数、学生数,确定学校所需学科教师人数。一般来说,有两种匹配标准:一种是班师比,一种是生师比。两个系数没有绝对标准,要视学校办学品质、定位等决定。以某小学为例,该校班师比为2.8(每个班平均配置2.8位学科教师),生师比14.5(平均每14.5个学生配置一位教师)。

一般来说,班师比越高,则教师呵护系数越高;生师比越高,则教师呵护系数越低。当学校师资配置不足时(扩班、有教师离职等),就需要招聘教师。

2.教师培训

教师培训的目的是使教师不断提升师德师能,更好地为教育教学服务,同时也更好地成就自己。教师培训按性质可分为师德培训、师能培训。教师培训按人才发展水平可分为新教师培训、青年教师培训、骨干教师培训、名师培训等。教师培训还可以按岗位分类,如班主任培训、学科教师培训等。学科教师培训主要可以从通用理论培训、学科大纲培训、教材教法培训、课堂教学技能培训、教学常规制度培训、教师教学考核培训、学生成长性评价培训等方面进行。

3. 教师任课安排

每学期开学前,课程处都会根据教师岗位,定出教师任课安排,排出全校教师的课程表,给出每位教师的个人周课表。

4. 常规教务管理

制定每日作息时间表,调试各种铃声信号,各类学习用品、教材教辅发放到位;完成班级课表的打印发放,确保一开学学科教学就能按课表正常运转;建立教学常规管理制度,日常按制度进行巡查、抽查,督导教学秩序的正常有序进行;定时或不定时组织检查教学,以过程质量保证结果质量。

5. 学科质量管理

一是督导。于常规管理之中,对教师的日常教学、教研进行巡视与指导,确保过程中发现问题及时提醒、纠正。二是评价。包括学生成绩统计、分析;班科、年级、学科数据统计分析;教师教学成绩纵向、横向比较分析等。该数据与教师教学考核挂钩,按一定公式得出某教师学科教学质量。同时,对学校整体教学质量,也应进行校内外数据对比分析,对质量走向做到心中有数。三是改进。发现问题,应有针对性地提出指导和要求。比如,对某教师明显优于其他教师的教学质量,应予以表彰,树立榜样,对其他教师起到传帮带作用。对某教师明显劣于其他教师的教学质量,则应个别分析,与教师共同找出原因、制定对策。如果是学校整体教学质量滑坡,则需要从学校整体教学管理层面进行分析,找出原因、制定对策,迅速提升学科教学质量。

6. 学科课改

根据国家课程改革导向、学校发展定位目标,对学科进行优化、统整,或局部优化、找点研究。也包括针对性地进行教材开发、教法研究等。

7. 教学类宣传

对学科教师中的榜样进行宣传;对学科教学中的优秀做法进行宣传;对学科取得的优秀成果进行宣传等。宣传平台可以有自建平台,如学校网站、公众号、广播站、校园文化专栏等;也可以是借力平台,如教育类刊物、媒体等;还可以利用各种会议进行正式与非正式的表彰。

8. 教学类接待

做好学科类的跨校际研讨、交流接待、外来参观等,借机宣传本校优秀师资、精神风貌、学校课程、学科成果。

9. 教研组指导

指导教研组领会学校学科教学目标、课改精神,丰富和优化教研活动形式,制订科学、合理、能落地的教研计划,并督导教研组扎实地按计划推进教研工作,帮助教研组解决困难、提供资源和必要的帮助。发现方向性问题应及时纠正。

10.教材教辅征订

每学期期末提前征订下期教材教辅。教材一般为各省统一,学校只需按时上报学科、种类、数量就行。教辅则在国家政策允许的范围内,根据各学校实际情况征订,必要时可征求教师意见,使所订教辅资料最大限度符合一线需求。需要特别注意的是,对所有教材教辅必须认真把关,确保为正版图书。还要确保所有的教材教辅、学习用品均能在开学前全部到位。

(二)教研组职能及运转

教研组按照课程处的安排,集合学科组教师的团队力量,通过形式多样的教育教学研究活动,实现学科课程的质量落地,在实践中促进教师的专业成长。

1.教研组内管理岗位设置

一般情况下,每个教研组会设置组长,人数较多的教研组会设置副组长、小组长。综合性的教研组,可以按学科设置学科小组长。

2.教研组开展教研的一般工作流程

①研究目标。认真学习学校发展目标、年度计划和课程处工作计划,结合本教研组实情,制订教研组开展研究的学期或学年目标。制订计划时,可以指导教师将个人发展目标与教研组目标结合起来,同步制订。这样,团队的目标与个人的目标就能很好地结合起来,形成合力。

②制订计划。围绕本学期的研究目标,制订可落实、可执行的计划。其中,行事历应该成为教研计划不可或缺的重要组成部分,对于教研活动的实施有着导航图的重要作用。

③开展活动。有了计划和行事历,就可以照章开展活动了。需要注意的是,每次活动前,最好还能有一个简要的活动筹备的检查反馈记录。

④总结经验。教研组应将经验总结作为研究活动的重要目标之一,在研究中随时注意反思、记录、研讨,为提炼教学成果积累宝贵而丰富的一线资料。

⑤提炼成果。教研组同时兼具科研职能。在教研计划中,应将科研、课改、师培等目标有机融入,不能各管各的。因此,科研成果、教学成果、教研成果的提炼也是教研组的重要任务之一,它往往决定着教研组工作的高度及教师发展的远度。

⑥考核评价。对本教研组内每位组员教师,根据工作表现、业绩成果等进行综合性评价考核,奖优扶差,行使教研组的评价职能,体现团队影响力。

三、特色课程与教学管理

(一)特色课程体系导航

特色课程是由学校自主开发的校本课程,在学校课程体系中主要对应"学校(校本)课程"这部分内容。但在实际开发中,特色课程的涉及面很广,不乏对整个学校课程体系的建设和开发，包括对国家课程和地方课程的升级、整合或分化。

特色课程开发主要有两种模式：一是全面开花式；二是选点（聚焦）突破式。前者重在"广"，后者重在"深"。当然，实际工作中，也有学校将两者结合进行特色课程开发，既全面开花，又选点突破。

1. 全面开花式

将学校课程全方位调动、整合、创新，包括国家课程校本化、地方课程精致化、校本课程独创性。其好处是做到"人无我有，人有我精，人精我特"，能使每个学生都能在丰富多彩的课程中找到最适合自己的那盘"菜"，为学生的个性化成长在课程资源上提供最大可能性。弊端是因为涉及面广，对课程的监测、指导、评价都带来很大挑战，一旦管理乏力，容易出现部分课程难落实、效果不佳的情况。

2. 聚焦突破式

结合学校办学特色定位，选点聚焦，主力突破，构建具有鲜明辨识度的学校主题特色课程。其好处是焦点明确，特点鲜明，能很好地支持学校品牌，使其具有鲜明辨识度；能将有限的课程资源、研究资源聚焦于一点，利于迅速打造出较佳的课程效果。弊端是有可能使育人成果"千人一面"，例如"足球特色学校"的学生不管喜欢与否都人人学足球，"阅读为王"的学校则弱化数理、体卫，使另有特长的学生没有适合成长的沃土，才华无法展示。

(二)特色课程教学管理

1. 特色办职能与运转

特色课程重在"特"，要做到人无我有、人有我精、人精我特。

为此，学校可专设特色课程办公室，简称"特色办"，下设学委会，主要负责特色校本课程的开发、研讨、培训、优化，以及成果提炼、宣传等工作。

特色办可以独立设置办公室，也可以将特色办兼设在分管副校长办公室，由分管副校长担任主任，方便整合课程处、德育处、招宣处等行政职能部门，以行政手段协同推进学会委的特色课程研究工作。

其中，特色课程的教学常规推进，可以并入学科教学常规推进工作，由课程处统一管理。德育处分工负责年级组特色课程成果考核，招宣处协助特色办完成特色课程的课程预告、成果宣传等工作。

2. 学委会职能与运转

学校学术委员会简称学委会。学委会在特色办主任的指导下开展工作，主要负责学校特色课程的规划、探索与成果提炼，与课程处、德育处、招宣处等部门形成合作关系。

学委会主要以学术研究为方向，使学校的学术研究与行政管理得以互补。学委会以第三方视角，客观评估学科课程的质量和成果，给出质量报告，提出改进意见；对学校重点课改、科研项目，予以专项调研，提供学术指导；在实践中，支持学校学术型、专家型教师的成长；是打造卓越名师的重要平台。

第二节　小学后勤资源管理

一、小学财力资源管理

(一)小学财力资源管理概述

1. 小学财力资源含义

小学财力资源属于教育财力资源范畴。

财力资源是有关资金和货币的总和,是财政关系的行为方式集合体,是金融行为的聚合、生成与发展的集大成者。教育财力资源是指用于教育领域的人力和物力的货币表现,包括一切物资的货币形态和支付劳动的报酬,以教育基本建设资金和各种经常性教育资金的形式出现,有拨入(或收入)、分配、支付、流通和结算等环节,是保证教育活动正常进行的基本条件。各国教育财力的来源,因各国教育管理体制、学校性质不同而异。

小学财力资源是发生在小学所产生的资金需求和处理的行为总和,是会计人员等在具体审批、经办的程序规范,是全社会教育发展的金融行为的再现与补充。

教育财力资源的大小,主要受该国经济发展水平的制约。中国各级教育财力的主要来源是国家财政有计划的拨款,包括国家预算拨给教育部门的教育事业费和教育基本建设投资。其他来源有企事业单位、集体单位、社会团体及个人捐资、学生家庭支付的教育费用及教育机构本身开展有偿服务收入、勤工俭学收入等。

财力资源在社会进步与发展中有其特有的特性。一是专制性,财力资源必须在首要领导的主导下支配与发挥作用。二是主导性。财力资源在社会资源中起主导作用。三是服从性。必须服务于大局,在整体发展中服务于大局,只有服好务,才有生命力,只有服从,才有根基。

2. 小学财力资源分类

小学财力资源按照财政数据分类,可以分为财政性收入与财政性支出,两者平衡互补,互构整体。按照学校内部功能性分类,可以分为行政公共类、教育科研类、后勤保证类、安全稳定类、基本建设类等。按照社会功能性分类,可以分为事业型、公共型、社会公益型、安全应急型等。

3. 小学财力资源管理内容

小学财力资源管理包括以下内容。

(1)账务与财务

账务是会计,财务是出纳。会计、出纳是两个互相合作的岗位,会计管理账务,出纳管理财务。两个岗位都是"金算盘"。会计做到账务精准,流水明细,类别明白,凭证齐全,单据稳定,单、据、账吻合无误。出纳做到入库牢、手头紧、精打算、不失分、钱账一致无误差。

(2)人事与统计工作

此项工作包括:新教师入职后核编定岗,确定职级档次,完善聘用合同和审批,核发工资;在编教师正常晋升职务增加教龄津贴等核发工资;退休教师离职手续办理和退休金核发标准与执行;伤残教师鉴定与工资核发;年度绩效工资核发;退休教师津贴核发;病事假绩效工资核发;年度考核审批与聘用合同更换;教师资格证年审;年初报表、预算报告、审计报告、物价审查、财经、人事统计等统计工作。人事工作可以聘用兼职教师担任,统计工作可以由会计兼任。

(3)采购管理

采购员一般由学校会计兼任。在采购平台填报采购需求表,县级平台审批回复后,按照回复意见执行。各个区域的采购办法不同,但都是公开透明的,完全遵照《中华人民共和国采购法》执行。大宗物品实行集中政府采购,统一由县级有关部门负责落实,学校不参与招投标,学校只负责验收货品、入库登记,有效使用。

(4)工会财力资源管理

工会是小学唯一的群团组织,是在学校党支部的领导下,由上级教育工会主管,学校工会民主推选管理干部负责管理的群众组织机构。工会有专门的账户和专门的经费支持,严格按照工会章程和法律管理组织机构。

(5)退休教师财力管理

小学退休教师财力管理是财力资源管理的盲区和老大难问题,要及时组建退教协组织,建立沟通交流机制,定期组织文化交流活动,按时分发核发工资福利待遇,不打折扣。在纪律规范面前,优待退休教师,对70、80、90岁老教师给予特殊的照顾与关爱,实施夕阳红暖心工程。

(6)学校应急管理的财务报销

小学内设机构应设应急办公室,专门处置寒暑假、上班期间的安全稳定工作。聘用临时人员做好校园安保应急之需,在财力资源管理部门的监管下,统一进行安保监管行政管理、校外应急周边环境整治工作、寒暑假护校监管、防雷检测、校舍安全防护管理、校园周边河塘水域监管、校园周边网吧监管等工作。财力资源管理部门协助完成财务审签与执行落实,做到特事专办,满足应急之需。

(二)小学财力资源管理特征

1. 独特而不孤援,协作共生

在小学,办公室、教导处、德育处、后勤处各部门间是相互依存的。因为财会人员的工作具有保密性,所以财力资源管理有其独特性。在学校里,所有部门的资源都是独立的,也是相互支撑的,只要是财力资源的主导与需求,其他部门都是积极响应的,协作中共同生存发展。

2. 集中化、精细化管理

学校的科学管理一贯都坚持民主集中制原则,而财力资源管理更多地体现在集中层面上，即集中反映学校领导的集体意志与主要领导的意见，为杜绝"一言堂"，只要是决策会议上的意见都必须服从执行。

3.程序化管理

财务管理要科学规范，一环扣一环，财会人员要缜密细心，不可漫不经心。财会人员是经过财政专业培训的会计人员，要严格审核单据，还要注意消费采购的明细表（单），核对金额是否相符、消费或者采购是否合理等，经办人签字确认后，财会人员签字，再依次交分管校长审签和主要领导校长审定。

4.服务至上，以人为本

小学财力资源都是围绕"人"做好文章，以人为本，服务至上，一心一意谋好学校之大计。要关心照顾好退休教师。老有所养、老有所依、老有所居、老有所医。退休教师是学校的功臣，关乎退休教师的生计问题都是大事。

小学生是小学发展之根本。小学财力资源必须围绕小学生做好服务工作。一是依理依规按时定量收取费用，按时分发学具、教材读本、作业本等文具。二是保障学生生命安全及意外伤害保险的理赔工作。

在编在岗教师是学校发展的首要资源。财力资源管理部门要精心细致做好教师的福利待遇工作，在财政政策和监察纪律的约束与规范下，开展高效的财务工作。

（三）小学财力资源管理原则与策略

1.小学财力资源管理原则

在小学财力资源管理过程中，作为财务工作人员须坚守一定的管理原则。

一是在思谋细枝末节的问题时，须站在学校大局思考，坚持做到"三个有利于"的行事原则，即有利于学校成功、有利于学生成才、有利于教师成长。学生在学校里能得到健康成长，这是祖国寄予的重托，更是家长交付给学校的殷殷嘱托。教师的成长与学校的发展息息关联，教师是学校科学发展的生力军，只有教师成长了，学校才能得到长足的发展。教师既成就了事业，增加了专业本领，更凸显了学校的优势，两者相辅相成。

二是坚持信奉关系情感守恒定律的处世原则。在小学的各个职能部门之间，财力资源管理部门要处理好部门关系，坚持做到独立协作、平衡互助的原则。要在"三个有利于"的原则下找到平衡点，统筹兼顾，要未雨绸缪，细心安抚，在互助的空气里和谐发展。

三是专业成长与科学发展的原则。会计工作是十分专业的岗位，需坚持终身学习，不断地参加财税部门的继续教育培训。财力资源有关的政策性很强，具有可持续性、严肃性、保密性，随着社会的进步，各地域差异变化大，政策也是量势而为，时有变化调整，财务人员也要紧跟时代步伐，做到业务不落伍，思想不落后，工作重落实。

2.小学财力资源管理策略

财力资源管理交错复杂，如何切实有效地开展管理工作，分享几点管理策略。

①清晰把握收支两条线，不螺旋式交叉混杂，应协调统一。收入支出两板块构建一个完

整体，不相互依靠依存，而是相互作用，形成内动力推动学校发展。

②处理好绝对性与相对性的辩证关系。财力资源管理要辩证处理好上下级关系。

③自律胜于他律，律己心中生，规范有准不妄为。财力资源管理是十分敏感的工作，自己要按照规范严格要求自己，不踩着红线去作为，不冒险去顶风行事。

(四)小学财力资源管理创新

1. 开发校园支付APP

开发一款校园支付APP，可以用来公示教师绩效明细和支付差旅费，采取扫描读码识别，支付单据智能化。不再由出纳人员进行烦琐的操作，减少必要的工作量，提升办事效率，增强教师对后勤服务的满意度。

小学校园支付APP实行项目化开发，也是智慧校园的重要领域，其利用价值很高，是移动智能化人性化支付终端，为学校后勤服务上档升位提供了强有力保障，建设维护成本低，而社会服务附加值很高。其利大于弊，从学校发展、行政服务、教师满意度提升、智慧化校园管理等方面分析，校园支付APP的实用价值、社会价值会给学校提供重要的平台。

2. 大数据分析需求，云平台支付

利用物联网统一接入平台和互联互通技术，将学校的硬件设备(视频监控、资源显示终端、班牌、智能扫描仪等)、软件系统与学校的管理和实用场景有机结合，实现校园安全、信息综合展示、后勤服务和资源分享等全方位的信息服务。

统一信息门户平台，将各种应用系统、数据资源和互联网资源集成到一个信息管理平台之上，把分立系统的不同功能有效地组织起来，为各类用户提供一个统一的信息服务入口，并提供高配置的功能，提供网站页面风格、布局、内容等方面的定制工具。

3. 利用校园智能机

人机交互共享资源是新时代小学校园发展的共同趋势。智能终端走进小学校园是必然的趋势，最精准精密的财力资源更是重点开发与实践的领域，必将迎来新时代的美好智慧教育。

二、小学物力资源管理

学校的物力资源管理是学校管理的重要方面，也是学校标准化建设的重要方面。学校物力资源是标准化学校建设的基石，其配备与使用情况的好坏直接关系到标准化学校建设的成败。

(一)小学物力资源管理的含义

教育物力资源是指用于教育领域的各种物质资料的总称，体现为教育过程中物化劳动的占用和消耗，教职工和学生工作、学习、生活不可缺少的物质技术条件，人才培养的物质基础，主要包括固定资产、材料和低值易消耗品。

固定资产包括：共用固定资产，如土地、房舍、建筑物、活动场地等；教学、科研用固定资产，如仪器、仪表、机电设备、电教器材、模型、器皿、文体设备、图书资料、动植物及其他教学设备；其他一般设备，如水电、煤气、供暖、消防、炊事、交通、机电、印刷、医疗、家具等设备；材料和低值易耗品，包括各种原材料、燃料、试剂、修建物资及低值的仪器仪表、工具、量具、器皿、文具、零配件等。学校的物力资源是学校生存和发展的基础。

小学物力资源管理就是通过对小学土地、建筑物、设施设备等进行管理，从而提高小学物力资源的使用效率的一种实践活动。小学物力资源利用效率是指学校物力投入与生产力之比，它的使用效益是影响办学效益的重要方面，也是衡量一所学校办学效益高低的标志之一。

小学物力资源包括有形资源和无形资源。有形资源就是看得见摸得着的硬件，比如书本教材、课桌凳、电视、多媒体、锅碗瓢盆、扫帚、教室、水电气等。无形资源就是看不见摸不着的软件资源，比如资金管理平台、课件资源、固定资产平台、科研发明、课题研究成果、基建图纸电子件、校园文化设计方案等。硬件是固化的历史构件，软件是支撑硬件的新鲜血液，硬件和软件是相互协作的统一体。将软件物化后就成为硬件。将硬件进行科技创新研究就成为软件。

小学物力资源是保障小学运行的物资与服务的集合体，也是小学正常开展工作的供给方，具有预谋前瞻性、精细独到性、服务周密性等特性。

（二）小学物力资源管理策略

小学物力资源管理容易出现对物力资源过度"保护"，造成物力资源的利用效率低。学校或管理的教师由于对物力资源的爱惜心理，生怕用坏了不好修理或造成丢失，因而把这些资源"保护"起来，将其"束之高阁"，这在一定程度上降低了仪器设备、图书等资源的利用效率。

1. 小学物力资源管理需要避免的问题

（1）重购置轻使用

有的小学没有充分利用学校物力资源，片面追求物力资源配置大而全、高精尖，互相攀比，超标配备，而很少考虑所购置的设备在教育教学中是否有较高的利用率和较大的使用效益，更忽视了管理和维修，造成学校物力资源配置与管理的低效率。例如，不少学校购置了多媒体、摄像机、语音设备，可用了几年就将其闲置了。有的学校配置的计算机，大部分机器都处于闲置状态，有的学校未经批准就借给了外单位或私人使用。还有一些学校，先进的设备购置回来后却无人会用，只能成为摆设。这些问题值得学校重视，要在合理有效的使用上下一番功夫，动一番脑筋，让学校购置的设备发挥应有的作用。

（2）重使用轻维修

在使用教育教学设备的过程中，学校不仅要大力提倡使用，以发挥物力资源的价值，更要对设备的爱护和管理要求加大力度。保管不善、使用不当、维修不及时是造成学校大批教育教学设备损坏的重要原因。一般来说，教育教学设备坏了，要能及时维修。但现实中，有的学校设备出了一点故障,就将其闲置一边,无人管理,以致锈烂。如果学校能够重视教育教学设备的保管,及时检查和维修,则可以为学校节约大笔资金。

学校要安排专人负责管理,对闲置的设备加强管理,并因地制宜地进行二次开发利用。对教师进行排除基本故障的培训,保证设备顺利使用。

(3)重管理轻用人

设备是要人来管理和使用的,同是管理一个实验室,使用一套设备,不同的人所得的效果可能截然不同。如果学校不惜花巨资购置了多媒体设备,安装在学校多媒体教室后,便随便指定一个人来管理,那么可能由于管理人员不负责任、操作人员使用不当等原因,没多长时间多媒体设备就出了故障,这就会造成学校物力资源的损失。如果学校管理不善,计算机使用后不关机,或是学校多媒体系列设备不全,给使用者带来麻烦。这些都是物力资源管理需要注意的问题。

2.小学物力资源管理策略

要杜绝学校设备的损坏和资产的流失,就要加强物力资源管理,提高使用效益,这需要做到以下几点:

①建立健全规章制度。对学校的固定资产必须要有严格的管理制度。在实际工作中要重视各种账目制度、注销制度、使用登记制度、交接制度等。建立切合实际的管理机制,特别是对管理人员的职责、使用与评价考核,用科学的制度和考评办法促进教师对设备的有效管理与使用。

②购置设备之前应选配好管理人员和技术人员,否则不如不购置设备。加强对管理人员队伍的技术培训,提高管理人员的思想认识、责任意识、技术水平和管理水平,这样才能充分发挥设备在教育教学中的作用,提高设备的使用效益。重视设备的使用,引导、鼓励教师使用这些设备为教学服务。

③学校配置物力资源要量力而行,实用有效为最好,杜绝不符合实际的攀比心理。学校有了物力资源后,要加强管理和使用,以发挥其作用。及时检查发现各种影响资源配置使用效益的问题和漏洞,并及时补救。在进行资源均衡配置的同时,还必须认真做好存量教育资源的激活工作,使已有教育资源的效能充分发挥出来。

④加强教师培训,让教师掌握教育设备的使用方法,并将其运用于自己的教育教学实践中。教师要充分利用学校现有资源和设备,为教育教学服务。

(三)小学物力资源管理方式

1.实行条块化管理

小学后勤物力资源可以按照教育、教学、安全、保障等职能条块化管理。教育块可以细分为德育条、行政条、班务条等,教学块可以细分为教具条、学具条、实验条、科研条等,安全块可以细分为物防条、技防条、网监条、门卫条等,保障块可细分为基建条、教室条、寝室条、食堂条、水电气条、后备条等。条块化之间可以实行交叉网格化管理,人员配置可以相互渗透兼容。

2. 实行业务部门主管

按照县级教育主管部门审定的中层干部进行细分。教导处、德育处、办公室、安稳办、大队部等部分各负其责,硬件软件统一归口部门管理。

3. 实行团队发展管理

打乱原有的行政体制分工,按照学校职能进行分工,组建信息分享中心、德育指挥中心、教学研发中心、后勤保障中心等中层管理团队,在校级领导的大力支持下开展工作,选拔得力干将负责中心工作,选派合适的协作人员参与管理。

(四)小学物力资源管理统筹

研究发现,一些小学物力资源管理存在一些问题:物力资源配备达标程度较低,不同种类的资源配备差异显著;物力资源使用情况不够理想,无形浪费较为常见;物力资源使用效果不够理想,整体满意度偏低。因此,在物力资源管理方面,需要进行如下统筹。

1. 明晰政府责任

适当加大财政投入,合理配置学校物力资源。政府有义务办好每一所学校,不断提高和改进落后学校的状况。一方面,政府要承担起相应的责任,从合理加大财政投入着手,改善物力资源整体匮乏的局面;另一方面,要站在全局的立场,着眼于"公平"和"均衡",制定出合理的物力资源配置标准,在标准的引领下,不断优化物力资源配置。

2. 规范学校管理,提高物力资源使用效益

学校物力资源管理工作大致可分为计划管理、采购管理、储运管理、配备管理以及使用管理等基本环节。就学校来说,务必加强领导管理,理顺部门职能,不断地健全和完善学校物力资源管理制度,开发和更新物力资源管理技术,强化动态管理,减少设备存量,提高设备管理的效益。

按照"统一领导,分级管理"的原则,以"科学、合理、有效"为目标,拟定符合本校实际情况的管理制度,"一级管理一级,一级带动一级"。在学校物力资源的管理上,实行"物资管理双轨制",不断完善和健全物力资源的购置、验收、使用、维护和处置制度,定期开展清产核资工作,严格按照国家规定审核报批资产报损、报废。同时,要充分运用现代科学技术,依靠技术进步,提高学校物力资源的使用效益。

借助计算机技术建立学校物资信息管理平台,对学校物力资源的各种信息建档管理,避免出现专用设备仪器使用率低、长期闲置的现象,确保新增设备的先进性、可靠性、实用性、质量性和使用率、使用寿命的最大化。

3. 挖掘资源价值

围绕"办学质量"开展标准化建设也是学校物力资源均衡配置和价值实现的过程,要充分挖掘各种物力资源的价值,追求城乡小学标准化建设的最优效果;在满足人民群众"上好学"的呼声中,接受社会监督和专业评估,确保城乡小学建设过程中物力资源效用的最大发挥。

第三节 小学社会资源管理

一、行政资源管理

(一)行政资源管理的内涵

行政指一定的社会组织,在其活动过程中所进行的各种组织、控制、协调、监督等活动的总称。行政资源是指能为行政系统的存在、运行、发展提供支持的物质因素和精神因素的总和,可分为财力资源和人力资源。财力资源主要为货币资金和校内资产等,人力资源主要为人事、党团队管理等。行政资源管理则是对系统内存在的财力资源、人力资源实行计划、组织、协调和控制的职能。

财力资源是学校发展的经济基础,是学校工作的重要组成部分,在学校财务资源管理中要遵照学校各项工作的原则和规律,做好经费的预算和决算,同时建立健全财务管理制度,为教学工作和师生生活提供物质保证。

(二)行政资源管理的方式

1. 建立完善的管理制度,达到育人目的

管理部门要制定相应的规章制度,使各项工作尽可能做到标准化、制度化、程序化,形成一定的秩序和习惯,使管理工作正常、稳定运行,坚持制度创新,不断完善规章制度,使管理有章可循,权责分明,这样学校的各项管理工作的开展就能有条不紊,秩序井然。

学校的中心任务是教学,行政资源管理要坚持为教育教学服务,为师生员工服务,在各项管理工作中坚持育人目的,积极调动管理人员积极性,群策群力,使管理人员、各项工作、各种设施都能起到应有的教育作用。

学校的校舍绿化、环境布置,需要干净整洁、宁静宜人,营造积极健康的校园文化,潜移默化地影响学生,使学生养成爱护公物、讲究卫生、关心集体的意识。各种规章制度的提出、制定、执行及建立健全要坚持以"为教学服务、为师生服务"为出发点,耐心做好学生思想品德教育工作。

学校师生员工既是管理的对象,又是管理的主人,在管理制度的制定上要坚持关心人、尊重人、激励人和发展人的主要指导思想,以师生为本,实行民主管理,发挥师生主动性、积极性,尊重师生成长和发展规律,实施理性关注、价值引领和精神锻造,共同把学校协调好、维护好、管理好、发展好。

2. 选拔优秀的管理团队,发挥服务功能

学校的行政资源管理团队是学校重要的管理队伍,要使学校的各项工作得以正常运行,既要具备一定的组织管理能力,还需要考虑团队的协作和互补性,在行政资源管理中发挥上传下达的服务功能,使学校行政管理高效、规范。

管理人员既是管理者,也处于被管理之中,同时还是教育者,必须严格要求自己,作风正派、谈吐文明、工作认真,全心全意为师生员工服务,用模范言行和热情服务去影响他人、感染他人。

二、家庭资源管理

教育的效果是学校教育、家庭教育和社会教育这三方面综合作用的结果,三方面如能步调一致、互相促进,他们的合力就大,效果就好;反之互不配合或相互抵消,效果就差,就会给学校教育带来巨大的困难。

(一)家庭资源管理的意义

1. 综合家庭资源,实现家校互补

家庭是社会的基本细胞,每个家庭具有不同的职业,各有所长,能够给学生提供更多元化的知识内容,充分挖掘家庭资源,可以拓宽孩子的知识领域;家庭教育具有针对性、个别化、渗透性、时空广阔性等优点,与学校教育形成互补,能够达到共同促进学生全面发展的目的;通过对家庭资源的了解、挖掘,还可以帮助学校教师更深入地了解学生生活,对学生有更全面的认识,进一步促进学生成长。

2. 指导家庭教育,形成家校合力

家庭是孩子的第一个课堂,父母是孩子的第一任教师。注重家庭、注重家教、注重家风,对国家发展、民族进步、社会和谐具有十分重要的意义。家庭教育工作开展得如何,关系到孩子的终身发展,关系到千家万户的切身利益,关系到国家和民族的未来。

在小学教育中,重视对家庭教育的指导,特别是针对弱势群体家庭,普及正确的家庭教育知识,推广家庭教育的成功经验,可以帮助家长树立科学的家庭教育方法,提高教育子女的能力,真正发挥家庭教育的作用,共同促进孩子的发展。

(二)家庭资源管理的内容及方式

1. 家庭资源管理的内容

(1)畅通沟通渠道

信息是管理的源泉,学校要保证得到家长充足的相关信息,准确无误的家长信息可以保证沟通的有效性,是家庭资源管理的重要前提。

多样式的沟通可以让教师更充分、更全面地了解学生的家庭环境以及教养方法,关注学生的动态发展,及时获得各项工作的反馈信息。

(2)组织家长参与学校互动

组织家长参与学校活动,可以充分整合利用家长资源,让学生吸收不同营养,让学生受益;也可以让家长看到孩子在学校的表现,了解教师工作的不易,为更好地配合学校工作,共同促进学生发展奠定基础。

教育专家们将家长参与分为三个层次:第一层次是家长扮演消极支持者角色,是家长参与的最低层次;第二层次是家长扮演班级协助者和活动的支持者;第三层次是家长参与学校决策和校务计划,是最高层次的参与。高层次的参与可以带来学校、学生、家庭三方面的最大受益。

(3)提供有效服务

充分发挥学校在家庭教育中的重要作用,强化学校家庭教育工作指导,形成家长参与、学校组织的家庭教育工作格局,统筹家长委员会、家长会、家长学校、家访、家长接待日、家长开放日等各种家校沟通渠道,丰富学校指导内容,共同办好家长学校,为家庭育儿提供帮助和扶持。

每个家庭对孩子都赋予了希望,希望孩子健康、快乐成长,生怕孩子输在了起跑线上,在家庭教育上难免有不当之处,学校对家庭教育进行指导,有利于家庭教育的正确开展,发挥家庭教育的积极作用,为促进学生发展形成合力。

2.家庭资源管理的方式

(1)集体方式

①家校联系薄。为了更方便教师和家长围绕孩子的发展与教育进行联系,家校联系手册所写内容要具体,不能空泛,要围绕学生的实际状况来写,通过家校联系薄不断反馈学生近况,是学生动态发展的宝贵资料。

②网络平台。网络是一种新型的沟通方法,常用的有微信、QQ、微博、家校园地等,快捷便利,节省时间,内容比较全面,不受地域限制,身处异地的家庭也可以参与,比较受欢迎,但不具备网络平台和客户端的家庭难以有效享受由此带来的便利快捷。

③家长会,分为两种形式:其一,全校家长会。全校家长都来参加,主要讨论学校发展规划、学期工作计划、规章制度、重大活动、学期工作总结等,每学期在开始和即将结束时召开,家长也可以借机向教师请教一些家教问题,学习一些家教知识。其二,班级家长会。班级家长会更有针对性,便于家长和学校的双向交流,共同研讨学生的发展问题,一般每学期召开2~3次。

④教学开放日。学校定期或不定期向家长开放,家长观摩学生的成长变化,领导接待家长来访,解答家长疑问,听取家长意见和建议,发挥家庭资源的价值作用。

⑤家长学校。为了更好地服务家长,解决家庭教育中的问题,发挥家庭教育的价值,应当面向家长举办一系列家庭教育专题讲座和咨询活动,帮助家长成长,丰富家长们的家庭教育知识,更科学地作用于孩子的成长发展。

⑥家长委员会。家长委员会是由家长代表成立的群众性自治组织,一般是从自愿参与的学生家长中选举出来的,可以有班级家长委员会、年级家长委员会、校级家长委员会三级,代表全体家长参与学校教育活动,是学校教育的得力助手,能充分调动家庭资源为教育事业所用。将家长委员会纳入学校日常管理,制定家长委员会章程,邀请有关专家、学校校长、相关教师、优秀父母组成教育讲师团,面向家长定期宣传党的教育方针、相关法律法规、传播科学的家庭教育理念和方法,组织开展形式多样的家庭教育服务指导和实践活动。

(2)个别方式

①个别交谈。这种方式是最简单、最经常、最及时的方法,可以互相反映学生的近况,发现问题及时商讨解决的办法,具有针对性。在交谈时态度要诚恳,营造轻松氛围,轻松地

交谈。

②家访。当学生学习或近期表现异常时,需要深入了解学生,开展更具针对性的教育时,往往会采用家访的形式,这种形式有利于因材施教,但比较费时费力。

3. 家庭资源管理中的注意事项

(1)建立新型家校关系

学校教师和家长教育儿童的责任和目的是相同的,双方应该是平等的。在家校关系中常常是学校教师居于主导地位,往往造成家长的被动配合。随着家长素质的不断提高,有些家长的教育观念、教育方法甚至高于教师,教师也需要虚心学习,积极营造良好的家校关系,赢得家长信任、支持和合作。

(2)提高家校合作共育能力

认真策划和实施合作共育,开展多种活动,鼓励家长和满足家长的不同需求,及时反思和改进工作方法,积累合作共育新经验,同时积极提高家长对学校教育方针和教育理念的理解,提高尊重、观察和赏识孩子的能力,记录孩子的成长变化,让家庭资源发挥应有的作用。

三、社区资源管理

建立现代学校制度,建立小学家长委员会,引导社区和有关专业人士参与学校管理和监督。学校应加强与社区、家长的互动,有效引导家长、社区积极参与学校教育与管理。

(一)社区资源管理的内涵

社区是若干社会群体或社会组织聚集在某一个领域里所形成的一个生活上相互关联的大集体,是社会有机体最基本的内容,是宏观社会的缩影。社会学家对社区并没有一个固定的定义,但普遍认为社区包括一定数量的人口、一定的地理区域、居民之间有共同的意识和利益。总的来说,社区就是一个聚居在一定地域范围内的人们所组成的社会生活共同体。

社区资源包括物力资源和人力资源,物力资源主要包括社区的场所和设施设备,人力资源主要包括在社区内的各行各业的人。社区资源管理则是在教育目的和社区利益最优化基础上,学校对社区内的人力和物力资源进行的合理开发利用和管理的实践活动。

(二)社区资源管理的方式

1. 挖掘社区资源,争取社区支持

实践和创新是素质教育的重点,要把社会实践活动作为学校工作的重点之一。结合社区实际,开展防震、防火、防骗等演练活动,定期或不定期接受法治安全教育,根据实际组织学生到公园、商场活动,建立小学生社会实践活动基地,培养热爱家乡的情愫,共同为学生的思想道德发展和健康成长提供条件。

(1)充分利用社区物力资源

利用社区的自然资源和生活设施资源,考虑社区的地理位置、地形地势和气候特征等因素,探索学校周边的自然景观、风土人情,结合小学教育的教学内容充分挖掘、拓展学生学习的活动空间。

社区资源和学校资源的整合是环境教育的关键因素,让儿童参与社会调查和社会实践活动,提高学生的综合素质和社会化水平,让学生学会求知、学会生存、学会劳动、学会服务、学会发展、学会创新。

(2)充分利用社区人力资源

教育活动中,社区各行各业的人都可以为教育活动服务,把不同知识结构、人格特征、行为模式和道德规范的人请到学校来,开拓学生的知识结构,满足学生社会性发展的需要,如把居委会人员、保安、邮递员、消防员、清洁工、售货员等不同职业的人请到学校做活动,让学生了解社区不同的人在工作岗位上的付出和奉献,明白社会的分工与合作,让学生获得感恩社会、服务他人的道德感,获得有益的人生经验,学会关心生活、关注社会,为融入社会奠定基础。

2.开放教育资源,参与社区教育

《中共中央国务院关于进一步加强和改进未成年人思想道德建设的若干意见》提出:"城市社区、农村乡镇和村民委员会,以及其他一切基层组织要切实担负起加强未成年人思想道德建设的社会责任,整合利用各种教育资源和活动场所,开展富有吸引力的思想教育和文体活动,真正把教育引导未成年人的工作落实到基层。"

学校应当积极组织学生参与社区公益活动,安排学生进行思想道德建设活动。教师也可以发挥专业优势,为社区群众举办讲座,制作宣传专栏,协助组织文娱活动,发挥服务社区教育,在不干扰正常教育秩序下,积极主动、真心实意地参与社区活动,构建学校与社区的良好关系,达到学习实践相结合的效果,通过多种渠道把学校教育与社会教育结合起来,达到资源共享的运作模式,实现合作共育儿童的目的。

3.社区资源管理的注意事项

开发利用社区资源,为学校发展服务。在社区资源管理中,需要注重社区资源的开发、利用,真正探寻并发挥校外社区资源的作用和价值,增强学生的动手实践能力,促进学生理论联系实际。

走出校园走进社区,与社区平等合作。扩大学生活动范围,在保证安全的前提下,在社区资源管理中注重开发新型实用的平等合作模式,使教学、学生及社区受益,促进学校发展,进而推动社会进步。

第七章 小学班级管理研究

第一节 小学班主任与班级管理

一、小学班主任

为了保证班级活动的顺利开展,我国小学在每个班级都要配备一名班主任。班主任要全面负责一个班级学生的思想、学习、生活等工作,是联系学校、家庭、社会的桥梁和纽带,也是一个班级活动的主要实施者和各种教育力量的协调者。因此,有必要对班主任这一角色有清晰的认识。

(一)班主任观念界定

班级是学校进行教育教学活动的基本单位。班主任就是对班级进行全面的管理、教育和引导的教师。作为教师中的特殊群体,班主任与学生接触多,沟通便利,影响深刻,肩负着育人的重要职责。因此,班主任必须根据小学生的身心发展的特点,积极正确引导孩子,使得每个孩子在原有的基础上都能得到提高。

(二)小学班主任的基本职责

班主任是班级的组织者和指导者,肩负着贯彻党的教育方针,实施学校教育教学计划,沟通师生、学校与家庭以及社会之间的联系,落实学校育人目标,推进全面素质教育的职责。

从基本职责中可以看出,班主任作为班级的教育者和组织者,责任重大,工作辛苦而光荣。班主任的工作质量,在很大程度上决定着一个班的精神面貌和发展趋向,深刻影响到每一个学生的成长和发展。那么小学班主任的工作具体包括哪些方面呢?

1.全面了解和研究学生

学生是班集体的主人,但学生的发展又存在着差异,班主任要教育好学生,就得先了解和研究学生,这是做好班级工作的先决条件,也是做好班主任工作的前提和基础。

了解和研究学生从两方面展开:一是了解和研究班集体。包括班集体的基本情况(如班级人数、男女生比例、生源状况、年龄结构、班风、学风)、班级学生的发展情况,学生各方面的表现,班级目前的发展状况和存在的问题等;除此之外,还可以从班级的其他方面,如学生生活社区环境、学生家庭条件、学生在校外的表现等方面了解。二是了解和研究学生个人情况,如家庭情况、思想品德情况、学习情况、身体情况、个人兴趣爱好。

了解学生可以通过观察法、谈话法、书面材料分析法、问卷法和访问调查法等方法来进行。其中,观察法是最常用,最方便的一种方法。

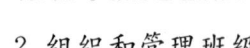

2. 组织和管理班级

班集体对学生的成长和教育具有十分重要的作用。建设好班集体，是班主任的一项重要工作，也是班主任最基本、最核心的任务。

班集体不是自发形成的。刚组成的教学班，经过班主任长期系统的组织培养工作，由松散的学生群体转变成为健全的班集体，大致要经过组建、初步形成和形成发展三个阶段。为了使班级工作能很快进入正轨，班主任首先必须抓紧时间全面了解学生，通过班级常规活动发现和培养积极分子，建立起班委会。其次是要引导学生明确发展目标，建立各种切实可行的规章制度；最后还要多组织和开展班级活动，形成正确的集体舆论和班风，增强集体的凝聚力和吸引力。

3. 在集体教育的同时，做好个别学生的教育工作

教育的前提是承认每个孩子是有差异的。正因为如此，每个孩子才会有独特的一面。班主任必须根据学生的个体差异，采用不同的方法去做好学生的个别教育。对于优等生，班主任既要关心爱护，又要严格要求，防止骄傲，发挥他们在班集体教育中的积极引领作用。对于一般的学生，班主任要注意保护好他们的自尊心，积极发现其闪光点，做到以爱动心，以理服人。

4. 协调教师、家长和社会有关方面的教育影响

班级的教育力量是多方面的。除学校领导外，任课教师、学生家长和少先队组织等也是十分重要的教育力量。班主任只有协调并发挥好这些力量，才能保持教育方向的一致性，教育要求的统一性，教育活动的协调性。

首先，班主任要定期召开家长会，做好家长工作，争取家长对学校教育的支持配合；其次，任课教师是班级教育工作的重要力量。班主任要发挥和调动任课教师的作用，加强与他们的联系。再次，共青团、少先队是学生的集体组织，要协调好教学工作与班级少先队工作的关系，协调好班委会与少先队组织的关系。最后，班主任要争取家长和社会各种教育力量的配合，统一校内教育者对学生的要求、统一学校与家庭对学生的要求。

5. 做好班主任工作计划和总结

班主任工作计划的制订和总结，是班级工作不可缺少的环节，是班主任工作达到预定目的的重要保证。

班主任工作计划的制订，要根据教育方针、小学培养目标、教育政策和法规，要与学校工作计划和本班实际相联系，做到全面具体、目的明确、条理清楚、有可操作性。计划一般分为学期和月（周）计划。学期计划的内容包括班级学生基本情况分析，班级工作的指导思想和班级共同奋斗的目标，教育工作的内容、主要措施及时间安排等。月（周）计划是学期计划的细化，主要包括具体活动的内容、基本要求、组织措施和完成期限等。

班主任工作总结是班级工作过程的最后一个环节。为保证总结客观真实，班主任应注意日常班级管理和活动资料的积累，做到有事实、有分析，提炼出规律，把感性经验上升为理论，为后续的班主任工作打下良好基础。

6.做好学生操行评定工作

操行评定是以教育目的为指导思想,以"学生守则"为基本依据,对学生一个学期内在学习、劳动、生活、品行等方面的小结与评价,主要由班主任负责。小学生的操行评定在低年级一般由班主任来做,到高年级可以先由学生小组互相讨论,然后由班主任写出评语。写评语的工作不能交给学生。

(三)小学班主任的基本素养

小学班主任不是仅凭个人经验和责任心就可以成功的。他还应该具备完善的专业基础知识,包括学科知识和教育知识;还要形成较高的教育能力、强烈的责任感、事业心以及正确的职业理念。

1.小学班主任要有良好的职业道德素养

班主任良好的思想品德、人格精神,对于学生具有巨大的教育力量,也是教育工作取得成功的必要条件。对待国家,教师要爱国守法,忠诚人民的教育事业;对学生要关爱儿童,诲人不倦;对事业要教书育人,为人师表,终身学习;对待同事要团结协作,共同进步。作为教师中的一员,小学教师的职业道德规定同样是对小学班主任的职业要求。其中,建立在教师职业动机基础上的事业心,是班主任整体素质结构中的核心和关键要素,是班主任做好教育工作的根本前提,也是推动班主任个体专业发展的重要动力。

2.小学班主任要有一定的专业理念(教育观念)

教育观念是教师通过教育理论学习和教育教学实践,形成对教育对象、内容、过程、结果、质量以及对自己所从事的职业的理性认识和信念。它是教师专业行为的理性支点,是专业人员与非专业人员的重要差别,在班主任专业素养中居于核心位置,主要包括教育信念和班主任自我专业发展的信念。教育信念体现为与时俱进的教师观、学生观、人才观、班级管理观念、人生价值和情感态度等。班主任自我发展的信念主要有专业理想、专业情操、专业取向和终身学习的意识等。

3.小学班主任要具备良好的知识素养

首先,作为教师,教学是班主任的基本职责,它要求班主任有扎实的专业知识,这是教师教学活动的基础。教师要理解所教学科的知识体系、基本思想与方法,掌握所教学科内容的基本知识、基本原理与技能,同时,教师还要了解所教学科与其他学科和社会实践的联系。

其次,要想做好教学工作,教师还必须具备必要的教育教学知识和班级管理的知识。它是教师成功教育和教学的重要保障,是教师工作成为专业不可或缺的条件性知识。如:教师要吃透所教学科的课程标准和教学知识,掌握一定的教学策略;了解小学生品行养成的特点和规律;掌握不同年龄小学生的认知规律。

最后,班主任还应该具有广博的文化科学知识和适应教育内容、教学手段和方法现代化的信息技术知识。小学生好奇,求知欲强烈,富于幻想。他们常常带着种种幻想与理想,向班主任提出各种各样的问题。如果班主任能满足他们的好奇心和求知欲,科学、准确地解答他们提出的问题或者指导他们探求知识的方法,孩子们会对老师产生深深的崇敬之情,有助于建立教师的威信。

总之，班主任必须勤奋学习，不断拓宽自己的知识视野，社会科学、自然科学、古今中外的知识都要懂一点，既发挥自己专业的优势，又要弥补自己的短缺，做到文理相通，使自己的知识成为"金字塔"结构，有顶端精尖的专业知识，又有广博的知识基础。

4. 小学班主任要具备一定的教育和管理能力

综合性的教育管理能力是指班主任在教育教学和研究活动中应当具备的专业能力。主要包括敏锐的观察力，制订计划和设计活动的能力，良好的组织管理能力，灵活应变的教育机智，人际沟通能力与合作能力以及活动的评价与反思能力。其中，敏锐的观察力是班主任进行工作决策、发挥教育艺术、提高教育质量的重要因素和先决条件。良好的组织管理能力是核心，它是指在教育过程中表现出来的组织、培养、教育学生集体和统帅少年儿童的综合教育能力。它包括计划能力、组织实施能力、常规管理能力、思想工作能力、协调能力等。

5. 小学班主任要具备良好的个性心理品质以及健康的身体素质

这是班主任职业的软性指标。在具体工作中，要求班主任观察敏锐、思维准确、想象丰富、情绪饱满、意志顽强、兴趣广泛、信念坚定、性格开朗、心理健康。班主任工作是一项繁重而艰巨的劳动，劳心费力，因此班主任必须要有良好的身体条件。

以上是对班主任素质的基本要求，一个优秀的班主任应该遵从上述要求，不断提高自身的素质，更好完成班主任工作。

二、班级管理

（一）班级管理的含义

管理作为一种社会现象，是指为实现预定共同目标，采用最佳方法对人、物、财、时间、信息等进行科学组合，以发挥组织最佳功能的活动。依据不同的领域划分为经济管理，行政管理，教育管理等。班级管理属于教育管理。

简言之，班级管理就是对学校的基层单位——班级所实施的管理，是指班主任对所带班级学生的思想、学习、劳动、生活、课外活动等工作的管理。

本书将班级管理界定为师生（班主任、任课教师和学生等）根据一定的教育目标，按一定要求和原则，通过各种班级活动，用适当方法科学组合和协调班级各因素，构建良好班集体、促进学生全面发展的综合性活动。

在学校工作中，管理与育人紧密联系，班级管理是学校内部的基层管理。学校工作计划的实施和管理活动的开展，要靠班级管理来落实。因此，班级管理是学校工作的基础。

（二）班级管理的内容

有人说，班级管理工作是个无底洞，事无巨细，样样俱全。简单的话语说明了一个问题：班级管理的内容是极为广泛的，尤其作为特殊的小学生，班级管理的事物就更为复杂。但是，班级管理是学校管理的一个重要组成部分，因此，必须遵照学校的统一要求，主要做好以下几个方面的工作。

1. 组织和培养班集体

班集体不是自发形成的，它有一个发展的过程。一般而言，一个刚刚组建的教学班，经过班主任长期、系统的组织和培养,必须经历松散的群体初建阶段,发展到初具规模,最后发展成为健全的班集体。

班集体建立、发展和形成过程实际上就是通过引导一个教学班不断建立班级组织框架、健全班级规范体系、形成班级正确舆论和班风的过程。具体而言包括以下一些方面:①初步建立班级组织框架,选拔和培养班干部,建立班委会。新组建的群体之间,师生、生生之间比较陌生,没有共同目标,比较涣散。因此,有经验的班主任应该尽快熟悉学生,注意发现、选拔和培养积极分子,组建班委会。②建立班级的规章制度,在生活和学习上对学生提出切实可行的要求。③开展经常性的班级活动,促进学生之间的交流和了解,增强班级的吸引力。④重视班级规章制度的执行,继续扩大班级积极分子的队伍,增强班级的凝聚力,形成正确的舆论和班风。

2. 班级的日常管理

班级管理的核心任务是进行组织建设,组织建设是通过每日每时的班级日常管理实施的。所以,班级日常管理是班级管理的基础,也是班主任的常规工作,涉及学生的学习、生活和工作等各个方面,范围比较广泛。一般而言,日常管理可以分为班级日常规范管理、班级环境管理、学生发展指导和学生个别教育等。

第一,班级日常行为管理是班级日常管理的首要任务。班主任等班级组织者向小学生传授班级组织中的行为规范,帮助小学生掌握正确的行为规范,形成正确的行为。班级日常行为规范的制定,要体现和遵循学校的特殊要求,结合班级学生实际情况予以制定和实施。

第二,班级环境管理分为班级物质环境管理和班级规范环境管理。物质环境管理主要涉及教室环境布置和学生座位的安排。按照学生日常行为的领域,班级行为规范相应分为思想行为常规管理、纪律常规管理、学习常规管理、活动交往常规管理、环境卫生常规管理和安全常规管理等。

第三,学生发展指导是指在日常管理中要加强对学生的思想品德的指导、学习指导、安全与法规指导以及学生健康指导等。

第四,个别教育是指在班级日常管理中,针对班级成员发展的个别特点,给予学生特别的指导,以帮助每个孩子在原有的基础上得到最大限度的发展。

3. 班级的活动管理

班级的教育管理是通过各种活动实现的,班级活动是对学生进行教育的重要形式,因而,组织开展相关活动构成了班级管理的主要内容。

4. 协调校内外各种教育力量

除学校领导外,任课教师、少先队组织、学生家长也是班级管理的重要教育力量。首先,班主任要加强与任课教师的团结合作,尊重任科教师,广泛听取他们的建议和意见,让他们参与班级管理和重大活动。此外,还要注意及时处理任课教师与学生的矛盾,建立起和谐的师生关系。其次,班主任要做好班级少先队工作,充分认识少先队组织在班集体中的核心地位和教育的助手作用。尊重少先队组织的独立性,为少先队活动的开展创设条件;最后,班主任要做好家长工作。通过家访、家长会和家长委员会等形式向家长宣传国家的教育方针、教育法规以及小学的培养目标;向家长介绍学校和班级以及学生情况,争取家长的支持配合,使学校教育与家庭教育协调统一;另外,向家长宣传家庭教育的理论和经验,帮助家长掌握科学教育子女的方法。

(三)班级管理的原则

科学管理班级是为学生创造良好成长环境的基础,因此,在班级管理过程中必须对班级管理的原则与方法有一个充分的认识,了解它的意义与实施要求。

1. 全员激励原则

在班级管理过程中,班主任要充分调动班级中每个同学的积极性,充分发挥他们的潜能,最大限度地促进每个同学和班级的发展。贯彻全面激励原则,首先要求班级管理者公平公正,一视同仁,对每个孩子怀有同样的工作责任感,机会均等地给每个学生创造参与管理的条件。对优秀的学生,不能"一俊遮百丑";对暂时后进的学生,不能贴标签,分等级。其次,要让班级发展目标成为每个孩子发展的期望和动力,才能最终起到激励和促进作用。

2. 自主参与原则

学生既是班级的受教育者,也是管理者。因此,在班级管理中,班主任要尽可能调动学生参与班级管理的主体意识,使每个孩子都最大限度参与到班级管理工作,发挥其主体作用。全员参与是班级发展的强大动力,这一原则是社会主义民主管理原则的具体要求和体现。它对于培养学生的主人翁精神,学生的创造性、独立性以及建立民主的师生关系都有十分重要的意义。

当然,这里"自主参与"不同于不负责任的"放羊式"的管理,自主必须与集中,秩序必须与纪律相结合。只有这样才能让学生在正确的引导下,最大限度地发挥他们在班级管理中的主观能动性。

3. 教管结合的原则

在班级管理中,要把班级的教育工作和对班级的管理工作统一起来。具体而言,就是对学生既要坚持正面引导,耐心教育,又要借助于一定的规章制度要求学生,约束其行为,将二者有机结合起来。

实现教管结合,要求管理者要用科学的道理和正面的事例,对学生进行启发诱导,调动其接受教育的内部动力。同时,管理者要引导学生制定必要的规章制度如学习、卫生、作息制度等,并使二者结合起来。

4. 情理交融原则

在班级管理过程中,要将情理有机地"化合",做到情中有理,理中含情,情理交融。具体而言就是对小学生的管理和教育要循循善诱、启发诱导,以情感人。在此基础上摆事实、讲道理、以理服人,帮助他们提高思想认识。

人们常常有这样一种说法:三分制度,七分感情。在班级管理过程中要学会使用所谓感情管理:思想上关心学生的进步,学习上细心地指导,生活上热心的照顾,遇到困难耐心地帮助。其次才是晓之以理,利用科学的道理和有说服力的典型事例,针对学生的具体问题,由事入理、由浅入深地向他们讲清道理,提高他们的思想认识。

5. 平行管理原则

在班级管理过程中,管理者要在集体中,通过集体,依靠集体去间接影响个人,又通过对个人的直接管理去影响集体,从而把对集体和个人的管理结合起来,以便收到更好的管理效果。

贯彻平行管理原则首先要引导学生组织和建立一个良好的班集体。实践证明,一个积极向上的集体,可以激励和推动集体中的每个成员不断进取;反之,一个不好的集体则会使学生松散疲沓,甚至相互影响,沾染各种恶习。其次是要善于发挥班集体的教育作用。班集体一旦形成,就会成为巨大的教育力量,对小学生的发展产生潜移默化的影响。最后是要加强个别教育,以个别教育促动整个班集体的发展。

6. 全面管理原则

学生管理与一般的管理活动相比具有自己独有的特征。它必须面向全体学生,着眼学生的整体发展。具体而言就是教育要始终坚持学生在德、智、体、美、劳等方面的全面发展,并且要把所有学生作为管理的对象,一视同仁,这就是全面管理原则。

我国教育目的的核心就是要坚持全面发展,这是衡量一个学校办学质量和效益的根本标准。看学校的教育质量如何不仅要看学生的升学率,而且也要关注学生在德、体、美、劳等其他方面的发展是否符合要求。学校的教育质量的主渠道还是课堂教学,因此,班级管理过程中要注重学生的全面发展。

当然,全面管理的原则并不排斥个性的发展,因为,管理和教育的终极目标就是要促进个性的多样性和丰富性,而不是要求受教育者各方面的平均发展和同一发展。

(四)班级管理的方法

小学班级管理的方法有很多,常用的有目标管理法、榜样示范法、情境陶冶法、制度管理法、舆论影响法和心理疏导法等。

1. 目标管理法

目标是指班级和学生个体在一定时期内要达成的结果预期,作为一种诱因,目标具有强烈的导向和激励作用。目标管理法是指在班级管理过程中,班主任根据学校、社会和班级的实际情况,对班级发展预设目标,制订完成计划,并对目标进行分解,通过一定的方式和手段,逐步实现预定目标的一种管理方法。

目标管理中最重要的一点就是教育者要对目标进行分解,通过各级层次目标的实现,最终完成总目标。所以,管理者应该对班级目标逐级细化,尽量让目标落实到每个小组、每个学生身上,使他们明确自己的努力方向,从而提高班级管理的实效。目标反馈检查时要根据实际情况,对学生进行指导,及时调整目标中不合理的地方,从而保证目标实现的程度。

2. 榜样示范法

在班级管理过程中,班主任借助于他人的高尚思想、模范行为和突出的业绩来影响和教育学生的一种管理方法。

小学生的思维以具体形象思维为主,具有较强的模仿性和向师性。榜样的力量往往比较具体、形象,对学生有着潜移默化的影响,让学生在不知不觉中受到感染而去效仿和学习。

所以,榜样示范法比较符合小学生的特点。榜样的选择主要有以下几个方面:首先,革命领袖、英雄模范、科学家的生平事迹和光辉业绩是具体而生动的教育材料。学生学习以后,会产生敬仰之情而去学习和模仿。其次,小学教师在学生心目中具有崇高的地位,教师的一言一行都在有意无意地影响着学生,身教胜于言教,因此,教师必须检点自己的言行,提高自身素养,给学生做出良好的示范和表率。最后,用与学生年龄接近的先进人物或者有教育意义的事例进行教育,易于为学生所接受,特别是学生中那些平凡的小事,与学生比较接近,更容易产生感染力。

3. 情境陶冶法

情境陶冶法就是通过创设有教育意义的情境,组织有教育意义的活动,潜移默化地对学生进行教育和管理的方法。这种方法没有明显的说教,而是把理寓于一定的情境之中,使学生在一种轻松愉快和优美的环境中,心灵受到感化从而自觉自愿接受教育和管理。

情境陶冶法的方式有很多,主要包括以下几个方面。

(1)师爱的陶冶

教师的爱是陶冶教育的最重要的情境。它能拨动学生的心灵,激发学生的上进心,从而将教师的期待转化为学生的自觉行动。

(2)环境的陶冶

环境的陶冶是指学生所生活的环境对他的思想品德的形成有重要影响。

(3)文艺的陶冶

文艺的陶冶是指用文学、艺术陶冶学生的思想感情。因为文学作品、电影、电视、美术、雕刻、音乐舞蹈等有着很强的感染力,学生容易接受影响。因此,要引导学生阅读一些健康积极、有教育意义的作品,观看一些有教育意义的电影、电视和书画展等。收听音乐,多参加校内外的各种文艺活动。在艺术熏陶中受到陶冶和教育。

4. 制度管理法

制度管理法是指通过一系列的规章制度和规范条例等为学生建立良好的规范和制度,约束学生的行为,促使他们逐渐形成良好的行为习惯的方法。通过班级规范和制度的建立,让全班同学必须遵守共同的规定和准则,对学生的思想和行为起到一定的约束作用,从而实现学生由"他控"到"自控"的转变,也使得班级活动有章可循,有利于班级的发展和团结。

班级规范和制度一般包括两个方面。一是学生在生活和学习中必须遵守的基本准则和规范,如课堂纪律、作业规范、学习、锻炼、作息制度等。二是执行和违反规定的奖惩措施规定。

班级规范必须要得到大家的共同认可,才会被学生理解和接受,从而自觉执行和约束自己。班级规范一旦制定,就应该认真贯彻和执行并加强监督,防止规范软化。为了更好强化制度和规范,可以运用一定的奖励和惩罚措施。教师要加强自身的修养,为学生树立良好的榜样,确保在班级中形成自觉执行规范的良好氛围。

5. 舆论影响法

舆论是班级中占优势的,为大多数同学所赞同的言论和意见。它是一种潜隐的规范,对班级中学生的言论和行为给予肯定或者否定的评价,从而对学生的言行起到直接的导向、监督和调节作用。舆论影响法就是班级的管理者通过积极健康的集体舆论,形成良好的、健康向上的班级氛围和环境,从而对班级中的每一位同学都产生潜移默化的影响的教育方法。

班主任要经常向学生进行道德行为规范的教育,提高学生的思想认识达到明辨是非;在日常教育与管理中,班主任要善于发现学生中的好思想、好品行,及时表扬好人好事,以弘扬正能量,消除不良言行影响。

6. 心理疏导法

心理疏导法是在班级管理过程中,班级管理者熟练地运用心理学的知识、方法对学生进行疏导、沟通和引导,以使学生保持心理的健康平衡,从而促使其身心健康发展的一种教育方法。心理疏导法的常用方式有心理换位法、宣泄疏导法和认知疏导法。

心理换位法就是移情和将心比心。在班级管理中,与他人互换位置、互换角色,站在别人的立场和角度分析问题,体会对方的情绪和思想,进而化解双方矛盾,消除不良情绪。

宣泄疏导法就是鼓励学生将受挫后和遇到不良事件中的消极情绪和反应宣泄出来,从而维持正常身心平衡,并逐步学会积极应对挫折的方法。

认知疏导法就是引导学生多方位、多角度地认识周围的事物;辩证、弹性地思考问题,从而改变认知方式和观念,以消除和减弱不良情绪和行为的方法。

总之,班级管理还可以通过行为训练、自我管理,民主管理等方法来进行。但不论哪种方式,都要适时、适当、适度,这样才能使之为班级管理服务,使班级能按着所期望的目标发展,成为一个团结奋进、蓬勃向上的集体。

第二节 小学班级活动的组织与管理

一、班级活动概述

(一)班级活动的定义

班级活动是指为实现教育目的,在班级教育管理者(主要是班主任)的引导下,由班级学生或少先队员参与,在学科教学以外时间组织开展的教育活动。如班主任组织的各种全班性的活动:班级管理、德育和社会实践活动,还有知识竞赛、春游秋游、体育运动、文艺科技、劳动与游戏等,都属于这个范畴。

班级活动是形成班集体的载体和途径,是学生在学校生活的基本形式。一个班集体的形成必须要通过一系列的教育活动的开展,才能促使集体目标的实现,形成良好的班风和班级舆论,才能培养学生的集体主义精神,最终形成一个班集体。

班级活动是一种教育活动,其目的就是为了促进学生的全面发展;但同时也要注重活动本身的趣味性和愉悦性,培养学生强烈的兴趣。说到底班级活动是一种以学生为主体开展的活动。因此,从活动主题的确定、内容的选定到活动的组织与实施以及活动的评价,都应当让学生参与或主持。学生既是活动的受教育者也是活动的主体和导演、演员。

(二)班级活动的特点

班级活动是实行全面教育的重要途径,它有着自身的特点,主要表现在以下几个方面。

1. 自愿性和自主性

课堂教学受到教学计划和教学大纲的制约,学生必须按要求学习规定的必修课,不能任意选择。班级活动则完全由学生根据自己的兴趣、爱好自由选择,自愿参加,教师只能加以引导而不能强迫。如果学生对某项活动不感兴趣,一味强求是难以调动学生主动性与积极性的,也是不利于培养个性、发展特长的。

活动过程中,学生是活动的主体。活动成效,决定于学生主动、自觉、积极参与的程度;教师在活动中起指导作用而非主导作用。班级活动则更多的是以学生的兴趣确定活动内容,结合学生的生活选用活动的形式,并允许学生对所参加活动的内容与方式,根据自己的兴趣、爱好和特长进行选择,有较大的选择权。因而,有利于学生主动性、独立性、创造性的发挥,有利于学生个性的发展、特长的培养及自我教育目标的实现。

2. 实践性

如果说课堂教学侧重的是系统知识的传授,主渠道是课堂和教室。那么,班级活动则强调对所学知识的运用,即学生在活动中动脑动手、实际操作、亲身体验,获取直接经验;在活动中,发现、培养、锻炼、提高学生的各种实践能力。要求学生能将自己所学的知识、技能、技巧和生活经验,在与同学的交往、参与集体或社会活动的过程中充分运用,并从中获得新的生活体验。所以说,学科课程更多的是追求认识价值,而班级活动则偏重于追求实践价值,实践性是班级活动的主要外现形式和追求目标。

3. 广泛性和综合性

班级活动的内容丰富多彩,不受学科的局限,它是各学科的知识的综合运用,具有广泛性。只要符合教育要求又有条件开设的活动都应该纳入班级活动中。另外,学生从班级活动中受到的教育和锻炼是多方面的、综合性的;对指导教师的要求,也是多方面、综合性的。例如,某班举办了一个"夸夸我的家乡好"的主题活动。活动中,学生必须运用语文、道德与法治等学科的知识,同时在合作中体会集体主义,在活动中增强对家乡的热爱之情。

4. 灵活性和多样性

班级活动从内容、组织形式和方法上看多种多样,具有一定的灵活性和多样性。例如,组织形式上看,可以是全班的,可以是全年级的,也可以是小组的,或者是全校性的群众性活动;从具体活动的方式看,可以做模型、采集标本、搞调查、办展览,或者是参观、讲座、报告会、演讲比赛等。总之,要注意因地制宜、因校制宜、因人而异,灵活多样。

(三)班级活动的类型

根据不同的标准,班级活动可以分为不同的类型。根据当前学校班级活动的实际情况,班级活动大致分为三大类型。即主题教育活动、阶段性教育活动和日常班级活动。

1. 主题性班级活动

主题性班级活动也称主题班队会,是学校根据教育计划,结合学生的实际情况或者是学校教育工作需要,提出一个主题或者是围绕一个中心内容所展开的活动。分为主题班队会和即兴式队会两种形式。

主题性班级活动目的性强,主题鲜明、集中。比如宣传一种观点,或者是歌颂一种精神,又或者是学习一种技能。主题教育活动往往要做充分的准备,有完整的活动方案,甚至是"文字剧本",需要师生做多次的练习和彩排。主题活动结构完整,一般主题性教育活动需要一节课或者更长的时间。

主题教育活动也可以围绕一个主题或者中心,有计划、有步骤的开展系列化活动,使队员受到深刻而系统的教育。由于它费时费力,一般一个学期次数不宜太多,一般以大队会或者中队会的形式,两次到三次。

主题性班级活动的主题可以根据学校的计划安排选择,也可以根据学生中普遍存在的问题或者是根据国家和社会发展的形势选择。第一是日常主题,这是最常见的。日常生活的很多主题都可以作为主题班会的主题来使用,如品德与行为规范的养成,爱国主义与革命传统教育,学习与考试指导,人际交往与沟通等。第二是政治主题。第三是阶段性主题。阶段性主题在学校的各个年级段都会使用到的。第四是节日性主题。很多节日适合作为主题活动的主题,像学雷锋纪念日、植树节、教师节等。此外还有一些偶发主题,这种主题不常见。

即兴式班队会是在传统主题活动的基础上发展出来的一种队会形式。主要的特点是当场选定主题,在规定的时间内,由队员自己设计,自己组织召开队会并自己总结的一种形式。

2. 阶段性班级活动

阶段性班级教育活动一般是伴随着全校性的活动进程而组织和实施的活动。分为按照时间段划分进行的活动和根据不同的活动主题而进行的各种活动,如学习竞赛活动,社会性的公益活动,学校的传统活动等。

时间段划分的阶段性活动有开学初的准备、期中工作和学期结束时的班级教育管理活动。开学初的准备主要包括根据学校教育工作计划、要求和本班的实际,制订出班级教育管理计划和工作要点;检查教室的各种配备物品;学生的报到注册;学习材料的发放;对学生进行组织性、纪律性教育;组织召开第一次班委会会议或者是进行班委会的改选等。期中的班级管理工作主要有了解学生的学习、生活、人际等各方面情况;听取班级学生意见;检查班级工作计划执行情况;学期末组织学生的期末复习迎考,做好学生的质量评价;评选三好学生,写好学生操行评语等。

3. 日常班级活动

主要是指每天或每周都要进行的,为维持班级正常运转所必需的活动以及班级内自发进行的活动,主要包括以下一些方面。

(1)班级晨会(例会)活动

班级活动的第一种形式就是班例会,也叫做"周会"。就是每天一次或者是每周一次。主要内容是对学生进行道德、纪律、安全以及学习的重要性和学习方法教育,包括一周一次的升旗仪式。升旗仪式是进行爱国主义教育的重要集会,也是进行日常生活道德、理想情操教育的好时机。晨会安排一般分为两个方面:固定性班会和临时班会。固定班会,每周、每月中较固定已形成惯例的班会。反映的是班集体和班级成员学校生活的经常性的需要,内容往往也比较固定(日常行为规范教育),一般是为了研究、解决班级管理事务而召开的全班同学会议。如选举班委会、班级纪律教育、学习方法引导等。临时性班会是由班主任根据学校要求或形势需要而临时决定召开的班会,以解决具体的问题。例如,最近班级学生当中出现了上课讲话,不认真听课且故意捣乱的行为,为了纠正学生的错误认识,班主任要组织召开班会,引导大家进行讨论,澄清认识。晨会临时性的内容无法预先设计,一般与形势、班级内的突发事件、学校某些临时的要求相关。晨会的特点是短、小、实,形式比较灵活,时间较短、主题单一,比如:折红领巾、整理书包、课前准备等。

(2)班级一日生活的管理

早晨,组织学生到校后的早读,早锻炼,安排学生的班内外执勤和值日生工作;课间组织学生上好两操(广播操和眼保健操)和大课间的锻炼;课堂组织学生遵守课堂纪律,养成良好的学习习惯;中午,安排学生的放学路队工作;下午,组织学生体育锻炼、课外活动,清扫教室和放学。有时候,还要安排学生的黑板报、手抄报的班级宣传活动。

此外,班级日常性活动还包括对学生的日常行为的管理,建立各种规章制度和条例。这些规章制度和条例主要有思想行为常规管理、纪律常规管理、学习常规管理、活动交往常规管理、环境卫生常规管理、安全常规管理。

4.其他班级活动

(1)政治性活动

政治性活动的内容主要涉及思想品德教育和行为规范训练,一般通过班队会、团队活动、传统教育活动以及制度规范教育等,使学生受到思想观点和良好品德的教育,形成良好的行为习惯。例如,每年的禁毒日的报告会,传统节日的庆祝和纪念活动。

(2)知识性活动

以培养对所学各门学科的兴趣,目的在于拓展、巩固、运用学科知识,培养学生的动手操作能力和一定的智能训练为主要内容。这类活动主要是通过组织课外兴趣小组或者是举行知识竞赛、小发明、小制作等动手操作来吸引广大学生积极参与。知识性活动既要凸显一定的知识性,也要注意与趣味性相结合,使班级活动成为学生个性发展的良好园地。在这些活动中,学生学科学、爱科学,使自己的兴趣、爱好、特长和能力得以发挥。同时这些活动也渗透着思想教育。寓教育于知识中,不拘形式开阔学生知识视野、提高学生智力水平。

(3)娱乐性活动

娱乐性活动是指以培养学生在文艺、体育方面的兴趣、爱好、特长,形成一定的技能为主要内容的班级活动。娱乐性活动通过组织演唱会、演奏会、歌咏比赛、画展等艺术品欣赏等活动,培养学生健康的审美情趣,形成高雅的情操,发展学生对艺术的爱好与特长。通过开展田径、球类、棋类等体育竞赛活动,使学生养成自觉锻炼的习惯,不断增强体质。

(4)实践性活动

实践性活动是指旨在沟通学校、社会、家庭之间的联系,把学校教育同社会教育紧密结合起来,进而提高学生的社会实践能力的各种活动。实践性活动的形式有参加公益劳动和社会服务、参观访问、实地考察和调研、志愿者服务等活动,引导学生接触社会,培养他们热爱劳动人民的感情和社会责任感。

(5)传统性节日活动

一年有不同的节日,这也是很好的教育时机。因此,班级管理者根据节日的性质、特点,结合教育的中心内容,运用综合教育手段,使学生不仅增长知识,也活跃了思维,培养了个性。节日是重复出现的,但班级活动不能重复,不落俗套,要年年翻新,给学生一种新鲜感。在创造性活动中激发他们的创造热情,鼓励他们的个性发展,奋发向上。

二、小学班队活动的组织与管理

(一)开展班队活动的原则

班队活动是促进学生全面发展的重要途径,有利于培养学生良好的品德,发展学生的个性,激发学生的学习兴趣,锻炼坚强的意志。班队活动也是班集体形成的基础,学校的教育思想主要通过班级活动得以实现。开展班级活动要注意遵循以下的原则。

1. 教育性原则

教育性原则是指按照一定的教育目的和学生身心发展的规律,确定活动的主题,做到寓教于乐,全面发展,最大限度发挥班级活动的教育作用。

在活动的组织过程中,要围绕教育目标,做好相应的准备、设计和预测,体现和突出活动的教育意义。比如会场的布置、活动的气氛、标题的书写、展板的摆放等都要体现出一定的教育性。例如,教师组织学生体验地震的过程,对地震预防进行演练。学生在整个过程中,一边跑一边嘻嘻哈哈、打打闹闹,却不去体验和深入体会活动的内涵,感受地震的危害,用心去体会自己的行为,掌握基本的逃生措施。这样,看似一场很严肃的班级活动就失去了原有的意义和价值。

2. 趣味性原则

在班级活动中,学生是活动的主体。首先,班级活动内容的选择必须尊重学生的现实需要和兴趣,必须符合学生的心理、生理特点,选择有时代感的主题,让学生触摸时代的脉搏。这样活动时才能使学生感到愉快、有吸引力。其次,班级活动要须注意活动形式、组织方式、方法的多样性、趣味性。例如,要组织一个元宵节庆祝晚会。教师可以安排化妆晚会,也可以组织一次包元宵的野炊活动,在活动中伴随歌舞表演、民间传说介绍、猜谜语和吃元宵等形式。当然,还可以组织一次元宵节的敬老活动。在活动形式上,可以以小组形式,也可以班集体统一组织,还可以学生三五人自由组合。活动地点既可以选择校内,也可以走出去。总之,让学生通过不同形式理解和体会到元宵节的团圆意义,体验快乐。最后,活动的准备从会场的布置、活动气氛的调动、标题的书写、展板的摆放、桌椅的形式等方面要有一定的趣味性。

3. 自主性原则

自主性原则是指在活动进行中,要让学生当家做主,最大限度地调动学生动口、动手、动脑参与,在亲身实践中受到教育。做到学生自己定计划、自己组织进程,遇到问题自己想办法自己调整、解决。当然,提倡活动的自主性,不等于放任自流,从活动的选题、计划和进程的组织以及遇到问题时的引导,班主任要给以必要的指导。

4. 整体性原则

整体性是指班级活动的内容、活动的全过程、活动的教育力量都要成为一个系统,用整体的教育思想指导整体的教育活动,达到教育目标实现的整体性和学生身心发展的整体的最高境界。

从活动内容看,班级活动不仅仅指的是德育活动,还包括智、体、美、劳诸方面活动,从全面发展教育角度入手指导整个教育活动,使学生得到多方面的发展。

从活动的全过程看,要注意活动之间的系统性和连贯性。在设计活动之前,要有整体、长期的计划,使得前后活动保持主题的一致性和活动之间的相互联系。

从教育资源的使用看,班级管理者要尽力做好学校、家庭和社会之间的沟通与联系,发挥他们的整体教育功能。另外,要争取各科教师的支持,获得他们的配合。比如,经常召开家长会或者家长委员会,发挥他们的中介功能;在社会资源方面,可以根据"请进来,走出去"的原则,带领学生参观、访问、调查;请家长们参与班级的各项活动,请他们来做各种报告、演讲。尽可能争取到家长和社会对班级活动的参与与支持。

5. 易于操作的原则

现实的小学班级活动中,很多学校热衷于追求大规模的,主题突出的,认为这样才能取得理想的效果,结果几个活动搞下来,老师、学生筋疲力尽,反而得不偿失。因此,班级活动组织必须要易于操作。

首先,在活动的频率上,每学期班级组织的主题活动不宜太多,否则必然会冲击学生学习状态,使学习不专心。但是班主任也不能怕麻烦,很少组织或者不组织班级活动,这又会让学生感到枯燥、乏味。

其次,班级活动的规模也不易太大,太铺张。按照规模分析,班级活动一般分为主题性教育活动和日常性班级活动。主题性教育活动一般一学期组织2~3次,全体学生参加。主题活动要目标明确集中,给学生以深刻的影响;过程要简洁有序,时间以一课时或者是1小时左右为宜。日常性班级活动是每天都要进行,因此要有针对性,做到短、小、实。短,是指时间要短,一般10分钟以内;小,就是解决小问题。如对班级发生的行为和事件进行评议,集体朗诵一首古诗,集中解决一个突出的问题,表扬某个同学、某种行为等。实,就是要解决实际问题,有实效性。日常性班级活动没有固定的形式,可以全班进行,也可以以小组形式,也可以同座位交流。

最后,班级日常活动要形成自动化操作。如上操、查卫生、新闻播报和今天我值日等,每天有专人负责,固定时间进行,操作就简单了。每一次大的班级活动,事前要制订详细的方案,谁主持、谁发言、谁表演、谁负责录音和投影、谁做总结都要事先安排,这样,操作起来才能有条不紊,顺利进行。

(二)不同班队活动的组织与管理

不同班队活动对班集体建设发挥着不同的功能,从我国现行的小学班级管理实践中看,目前已经成型的班队活动类型主要有班会、队会和晨会(夕会)等。

1. 主题教育活动

班级主题教育是指在班主任或者辅导员的具体组织和指导下,围绕某一特定主题对学生进行的集体性教育的一种重要活动。它具有学生喜闻乐见的形式,也是学生自己教育自己的一种有效教育方式,是学校德育工作的主要渠道。

班级主题教育活动分为主题班队会、主题报告会、主题座谈会等形式,其中,主题班队会是一种最为常见的教育形式。下文中将以此为例重点阐述如何设计、组织和指导主题教育活动。组织主题班队会一般应该包括以下几项工作。

(1)选好主题

主题是班会的中心。主题选得好,才能为良好的班队会奠定基础。主题选取一般有两个来源:一是从班级建设需要出发,根据班级实际发展,提炼主题;第二是从学校的工作计划中选择主题。

(2)做好准备

主题班会有了计划,还必须认真进行准备。

首先班主任要做好学生的思想发动工作。班主任可以采用多种形式向学生宣传班会的意义、目的、内容、形式和要求,调动学生参与的积极性,并积极投入到班会的准备工作中。

其次,设计鲜明的活动名称。做好班会内容、形式等方面的准备工作。班主任要引导学生做好主题名称的选择。好的活动名称应当文字简洁,语言形象,声音响亮,能鲜明揭示活动的目的,给人留下深刻的印象。

准备班会内容的过程,也是一个重要的教育过程。例如,为了准备"乘着感恩的翅膀飞翔"的主题班会,必须先让孩子们在生活过程中,记录和发现家人和周围人对自己的热情、帮助、关心和爱护,通过不同形式反映出来。这样,整理的过程就变成了一种切实有效的情感教育过程。

新颖活泼的形式能更好体现主题的思想和内容,使学生留下深刻的印象。活动的形式可以采用文艺表演、诗歌朗诵、游戏、小品、小实验、竞赛、参观、"小记者采访"以及"新闻发布会"等形式。例如,某班主任以"幽默笑星大奖赛"为题组织学生分小组讲笑话、表演幽默小品,看谁表演的内容耐人寻味,最接近现实,获得的笑声最多,掌声最多,然后按小组积分算出总成绩。这样的教育能丰富学生的口语表达和课外生活能力。

另外,开班会前,班主任还需要指导学生精心布置会场,落实场地器材;需要对人员进行培训,合理分工。尽量做到人人有岗位,各个有职责,尤其是对班级中特殊的学生。班主任还要确定合适的主持人,并且要帮助主持人做好相关准备。

(3)开好班会

在班会活动进行中,班主任要充分发挥指导作用。比如,有的学生发言跑题了,班主任要提醒主持人把话题引回到主题上;遇到各种特殊情况,如计算机出问题,小实验失败或者是演节目的同学之间发生矛盾时,班主任要帮助妥善处理。班会结束前,班主任要简要总结发言,对班会的成绩予以肯定,同时指出不足和努力方向。如果有必要,还可以在会后,围绕主题深入开展系列实践活动,深化主题,对学生发挥深刻的影响和教育。

2. 班队例会

班队例会是指以班级或者中队为单位,在班主任的指导下,由班干部或者班主任主持、讨论处理班级日常事物,进行班集体建设的班会活动。从内容上可以分为常规性班队会、事务性班队会和民主性班队会。

常规性班队会一般由全班同学或者全体队员参加,基本上每周一次。主要内容是对班级情况进行及时通报、表扬和批评,对所有学生进行常规教育。也可以开展学生之间的思想交流,形成正确的集体舆论。

事务性的班级例会主要是处理班级日常事务的例会。开学初,要讨论制定班级学期工作计划,确定和推选班干部成员,制定各种规章制度;日常布置一周的班级工作和对学生做出批评和表扬;学期结束时,评选优秀生,对班级工作做出总结等。

民主生活会是学生集体中或者班队委成员中出现了某种错误的认识或者不良倾向,为了帮助大家明辨是非,进行批评和自我批评,形成正确舆论而召开的一种例会。它包括班委会内部和全体成员的民主生活会两种形式。

3. 晨会(夕会)、周会

晨会(夕会)又称晨间谈话。是由学校统一布置,安排在每周固定的时间内(一般是早晨正式上课之前或者是下午课程结束以后),由班主任负责组织,面向全体进行思想教育的一种例会形式。最突出的特点是简短、精小、及时。简短是指时间每天一次,每次十分钟左右;精小是指晨会主题从小处入手,以小见大,有针对性,主题集中;及时就是晨会可以迅速传递信息或者解决问题。

4. 少先队中队活动

少先队活动是团结和教育少年儿童的主要途径,从内容而言,包括以爱国主义为基础的理想教育、以学英模为主要形式的革命传统教育、以集体主义为内容的道德教育等德育系列主题活动,以及劳动教育、文体活动和科学教育等。从形式上看,少先队活动的形式分为队会、礼仪活动、阵地活动、参观访问等社会实践活动以及少先队冬令营和夏令营。其中,少先队中队会是最为普遍的活动形式。

与班级活动相比,少先队活动有特有的组织仪式。在活动之前首先要配合使用少先队组织特有的队会仪式。根据活动的形式和内容,少先队中队会分为一般性中队会、系列主题队会和即兴式队会。下面以系列性主题活动和即兴式队会对少先队活动作出说明。

(1)系列主题活动

系列主题活动是指中队或者小队依据全国或者区域性少先队活动主题,确定一个明确的主题,在一段时间内,围绕主题,采用多种方式开展的系列活动。

同主题班会一样,主题队会有鲜明的主题,但它往往要围绕一个主题渐进展开,形式更加灵活多样,学生的自主参与性更高。在活动过程中,辅导员要注意给予学生更大的空间,放手让学生自己设计活动。辅导员要随时了解活动的开展情况,遇到问题要及时指导、帮助。活动结束后,辅导员要及时对活动进行总结。

(2)即兴式队会

即兴式队会是指由领导或者观摩者当场选定主题,在规定时间内,由队员自己设计,自己组织开展的队会。它有临时性,主题当场提供,活动的开展必须临时组织设计。另一个最大的特点是创造性。由于主题是当场确定,当场设计,所以,队员们有很大的创造空间,对他们的各方面的发展能起到很大的作用。

辅导员在具体辅导时分为三步走:第一步,做好准备工作,要指导学生审清题意,不偏不倚;第二步,设计出合理而科学的活动方案。第三步,要执行好活动方案,如选择主持人,确定节目的顺序等。节目结束后,辅导员都要做出总结性的评价。活动结束后,要将活动情况用文字标记出来。

第三节 课外活动的组织与管理

课外活动是课堂教学的必要补充,是促进学生全面发展的重要途径,也是丰富学生精神生活的重要保障。

一、课外活动概述

(一)课外活动的含义

课外活动是指学校在以学科为中心的教学活动之外,对学生实施的有目的、有计划、有组织的教育活动。课外活动可以由学校组织,还可以由校外教育机构(如少年宫、少年之家、儿童活动站、儿童阅览室、青少年科技站等)组织和实施。学校和校外机构组织的活动虽然在机构上不同,但是在活动的特点、内容、方式上有很多的共同点,因而把它们称之为校外和课外活动。

（二）课外活动的特点

课外活动作为一种教育的途径，与课堂教学一样，都是为了实施全面发展教育。但是，它在教育的要求、内容、教育的组织形式等方面，又有很多不同于课堂教学的地方。主要特点如下。

1.课外活动的目的是学生在全面发展的基础上发展各自的个性特长

这是课外活动最基本的特点。课堂教学必须按照课程计划开设学科，按照课程标准和教科书统一要求对全班同学进行教学，目的是使全班同学能大体同步发展，达到大纲中的教学要求，以保证学生获得基础知识和基本技能，促进学生的多方面的发展。而课外活动不受制于课程计划中学科设置的限制，不规定每个学生必须达到的某些统一的要求。它要求学生在通过课堂教学达到统一要求的基础上，充分发展各自的兴趣爱好和个性特长，成为既全面发展又有所特长的人才。

2.课外活动的开展要建立在学生自愿的基础上，充分发挥学生的主动性

一般而言，除去一些要求每个同学必须参加的文娱和体育活动项目，学校组织的其他各类课外活动是学生自愿参加的。他们可以根据自己的兴趣、爱好和特长自愿报名参加某一项活动。由于是学生自愿参加的，因而，学生能自觉接受教育，积极主动地锻炼和提高自己。

课外活动中，学生是活动的主体，教师处于辅助的地位。因此，从确定活动目的、选择活动内容和活动方式，到活动的安排和组织实施，都可以在教师指导下，引导学生自己学会进行。与课堂教学相比，课外活动更有利于发挥学生的主动性和主体意识。

3.课外活动的内容灵活，形式多样

课外活动的内容以及进度和难度，是以参加者的愿望、爱好、特长和接受水平以及学校的设备、辅导员教师的能力水平来确定的。例如，为了培养一部分学生的特长的课外活动，内容可以深一些，难度可以大大超越课堂教学的知识范围，速度也可以快一些；而为了吸引大多数同学参加的普及型的活动，则可以浅显一些，照顾大多数同学的能力。

另外，课外活动的组织形式也是根据学生的年龄特征和活动的条件来确定，多种多样。人数可多可少，活动时间可长可短，活动地点可以选择校内或者教室内，也可以选在校外或者是教室外。总之，课外活动的内容和形式都比较灵活多样，具有很强的吸引力，能够引起学生参加活动的需要，从而促进他们各自发展的需要。

（三）课外活动的内容

小学课外活动的内容，是根据小学教育的培养目标、课外活动的具体要求、儿童身心发展的特点以及校内外的实际情况而确定的，范围广泛、形式多样，要尽可能把活动搞得有声有色，富有吸引力，尽量让学生有选择的余地。这里仅介绍几种经常开展的相对稳定的课外活动的内容和做法。

1. 科技活动

这是为了让学生学习和了解现代科学技术知识,进行各种科技实践性作业的各种课外、校外活动。例如,举办科技知识讲座和科学家故事会、科技表演、竞赛,还有制作科技小发明、小制作、小实验、小论文的"五小"活动以及采集标本、动物小观察、小饲养、小种植等。其主要目的是扩大学生知识视野,增进学生对新科技成果的了解;培养学生观察、实验、设计、发明、制作等能力,形成某一方面或某几方面的兴趣与特长;激发学生学科学、爱科学、用科学的兴趣,养成他们科学的态度和创造的精神。科技活动既可以向大多数同学开展普及性质的活动,也可以为那些学有所长的学生开展专门性的活动,如科技小发明、小实验或者是组建航模小组、创新科技小组等。

2. 学科活动

学科活动是围绕某一学科为主题而组织的一种学科性的课外学习和研究活动,如文学作品讨论会、某学科最新动态报告、某学科学习体会的经验交流会等。学科活动并不是课堂教学的重复和延伸、补充,而是在课堂讲授的基础上,对学科中某一领域进行拓展。具体内容是关于各学科的知识性的作业,或者是对某一学科领域中学生感兴趣的专题深入探讨和交流。例如,语文学科的课外活动,可以开展朗读、阅读交流、演讲、演课本剧比赛、书法、作文选优等活动;数学学科可以开展口算心算比赛、实际测量、商品调查等活动;科学学科可以引导学生观察自然和社会现象,也可以配合教学开展采集标本、气象观察、开辟历史知识小园地等活动。

3. 文学艺术活动

文学艺术活动是为了培养学生文艺爱好和发展学生文艺才能而组织的活动。小学文艺活动主要有歌咏、朗诵、乐器演奏与欣赏、舞蹈、美术书法、摄影雕刻、观看影视剧等。还可以成立写作兴趣小组、评论小组,黑板报小组等,以生动活泼和富有感染力的形式来吸引学生,培养学生的文艺特长和欣赏、创造艺术美的能力。

4. 体育活动

体育活动是为了发展学生健康体魄,增强学生的体质,提高学生运动技能而组织的活动,是课外活动中比较普遍、比较广泛的活动,也是学生们比较喜欢参加的活动之一。小学体育课外活动主要有各种球类活动、长短跑、登山、划船、游泳、滑冰、滑雪、健美运动和各式各样的游戏活动。一些国防体育活动,如航空模型、军舰模型、无线电小组活动,也可列入小学体育课外活动之中,还可以组织体育竞赛和表演,组织野营和行军等活动。

5. 社会公益活动

社会公益活动是一种直接服务于社会公益事业的无偿的义务劳动,是对学生进行思想教育的一种重要手段。一般包括社会调查、参观、考察、访问以及各种无偿的社会服务和公益劳动等,如帮助学校整理图书、修理桌椅、绿化校园、维护交通秩序、卫生大扫除和照顾老弱病残人员,参加力所能及的义务劳动等。

6.思想教育活动

思想教育活动是结合重大节日、纪念日和国内外重大事件对学生进行思想教育所组织的活动。国庆节、儿童节、校庆日、学校文化节等都是传统的节假日活动。此外,还包括时事讲座、举行英雄模范人物报告会、座谈会,祭扫烈士墓,瞻仰名人故居。这类活动的准备过程和活动过程都可对学生进行教育。当然这类活动要注意思想性和内容的丰富、生动,避免空洞的说教。

二、小学课外活动的组织和管理

课外活动形式灵活多样、内容丰富多彩,适合各种不同兴趣和爱好的学生,是课外活动的一大特点。根据不同标准,课外活动的组织形式可以不同。这里按照人数多少,学校的课外活动一般分为三种形式:群众性活动、小组活动和个人活动。

(一)课外活动的形式

1.群众性活动

群众性活动是由教师、学校等教育机关组织的,多数或全体学生参加的一种带有普及性质的活动。它可以是全校性的,也可以是一个班级或者是几个班级的联合,是课外教育活动中较为普遍的一种形式。它可以在较短的时间内使较多的学生受到教育,对充实和丰富学生的学校生活具有积极意义,能激发学生的参与热情,有利于活动的开展。群众性活动的方式主要包括报告会和讲座、庆祝会、专题晚会、竞赛活动、参观访问、旅游活动、办墙报或黑板报、看电影与歌舞戏曲和艺术欣赏等。

2.小组活动

小组活动是学校课外活动的基本组织形式。它是在教师或辅导员的指导下,根据学生的兴趣、爱好和特长,以自愿结合原则为主而进行的集体活动的形式。其主要特点是小型分散,灵活多样,能够照顾不同学生的兴趣、爱好,有利于发展学生的才能,使学生得到更多的学习和锻炼的机会。当前,小组课外活动主要有学科小组、科技小组、艺术小组、体育小组等。

小组活动人数可按照活动的性质、内容和参加者的年龄而定。至少三五人,多则十几人。人数不宜过多,否则不便于指导。课外小组一般可以跨年级。有提高性质的小组(如数学奥林匹克小组、计算机程序小组、航模小组和建模小组等),其成员要考虑学生的程度,必须有年级限制。对于普及性质的小组,条件可以适当放宽,不能以学生的成绩作为限制条件。相反,当小组活动激发起学生强烈的求知欲望,可能还会促进学生的学习成绩。

课外小组的活动要有一定的计划和组织,小组内可以设小组长并配有固定的指导教师。课外小组的活动时间要在学校的周课表中有所反应,一般每周一次,每次1～2节课。小组工作的评定可以通过工作计划、日志、工作总结、组员的作品等反映出来。

3. 个人活动

也称个别活动。是指在辅导老师的指导下,根据个人的兴趣、爱好和特长,组织学生个人独立进行的活动形式。个人活动的主要内容有:阅读课外书、绘画创作、进行观察或者小实验、采集制作标本、练习书法、唱歌、折纸、摄影和体育锻炼等。个人活动可以与小组活动结合在一起进行。例如:器乐小组的指导教师可以根据学生的不同水平布置一些个人独立练习的内容。在学校开展的群众性活动中,可以布置学生独立进行某种活动,如小试验、小制作、小发明等。这些个人活动,能发挥学生的积极性、创造性,使学生的特殊才能得到充分发展。

总之,群众性活动、小组活动和个人活动这三种形式各有特点。在小学开展课外活动,可以把这三者有机结合,既能满足广大学生的要求,又能照顾满足个别学生的特殊要求。而这也正是全面发展和发展特长的要求所在。

(二)组织课外活动的基本要求

为了使课外活动能顺利、富有成效地开展,学校领导和教师在组织课外活动时要注意以下几点。

1. 课外活动要有明确的目的和要求

课外活动是学校教育工作计划的一个重要组成部分,因此,学校对于课外活动的管理必须要制订规划和计划,进行系统管理。学期初始,学校应该把课外活动列入规划和计划中:要确定学校课外活动的工作目标和任务;明确全校以及班级课外活动的种类和要求;筹划课外活动所需要的设备和其他的硬件设施;还要考虑辅导员力量的配备;完成计划的时间;确定负责人等。在制订计划的时候,一定要立足于促进学生在全面发展的基础上发展个性特长,防止为了活动而活动。

2. 课外活动要坚持自愿选择的原则,充分发挥学生的积极主动性和创造精神

课外活动最大的特点就是不受课程标准和班级授课制的限制,有较大的灵活性,能够充分照顾学生的兴趣、爱好和特长,因此,应该让学生自愿选择自己喜欢的活动,不要强迫学生参加他们不喜欢的活动。

课外活动中要充分发挥学生的独立自主性。从活动的目的、内容、要求到选择活动的方式,从安排活动的具体步骤到组织实施,都应该在教师的指导下,引导学生开动脑筋,想办法去解决一些问题。在这个过程中要注意培养学生的独立自主精神和独立工作的能力。

3. 课外活动的组织尽可能丰富多彩,把教育性、知识性和趣味性结合起来

好玩好动是儿童的天性,因此,喜闻乐见的课外活动形式可以激发儿童的兴趣,愉悦儿

童的情绪,增加儿童的知识,激发儿童的积极性,发展儿童的主动性。所以,如何通过组织形式多样,内容丰富的课外活动来促进学生的发展,是教师必须认真对待并着力实现的问题。

组织课外活动时,首先是活动内容要有多样性。活动内容要兼顾学生多方面的素质发展和不同的兴趣爱好,使活动既有教育性,又有趣味性。如教师在制订活动计划时,既有思想教育方面的各种报告会、讲座和专题教育活动,又有学习方面的"智力竞赛"活动、航模竞赛活动;既有发展体能的球类比赛、体操比赛等活动,又可以组织图文并茂的"手抄报汇展"或者是"科技小制作"等。活动内容的多样化,使不同兴趣的学生都有施展的机会。

其次是课外活动形式尽可能多样化。小学生喜欢求知、求新、求实、求乐。因此,课外活动的形式要丰富多彩,变化新奇。例如,可以开故事会,讲英雄模范的事迹;可以用表演的形式,把音乐演奏小组的成果展现给大家;可以用展览的形式展示美术兴趣小组的作品;还可以通过竞赛的形式把各种学科兴趣小组的活动展示出来。

再者,活动的组织方式也应多样化。除了集体活动,还可以是小组活动、社团活动、甚至是三五个人自由结合活动。兼顾学生的兴趣、爱好和发展需要,让活动更有实效性。

总之,在组织课外活动过程中,班队工作者要注意照顾学生的广泛兴趣,活动要富有知识性,兼顾教育性,使得学生饶有兴趣,寓教于乐。

第四节 小学生安全教育

少年儿童的安全问题是关系到个体生命和社会发展的重大问题。在班级管理过程中,班主任工作千头万绪,除了例行公事以外,还会遇到很多班级突发事件和意外伤害事故。由于事出意外,班主任没有太多的时间去思考,更没有时间去做准备。因此,这是对班主任教育机智的考验。如何处理,直接关系到一个班级的稳定和班主任的威信。为了减少班级突发事件,班主任只有去研究它,预防、减少甚至是避免它的发生。

一、班级突发事件

(一)班级突发事件的含义

班级突发事件是指在班级教育教学过程中发生的,事先没有预测到的、出人意料的不良事情和矛盾冲突。如学生之间发生纠纷、外来人滋事、学生生病、师生之间发生小摩擦、学生丢失东西等。它直接影响和干扰教学活动的正常进行,往往带有鲜明的突发性、偶然性、变化性和急迫性。它之所以产生,不仅与复杂的社会环境有关系,而且与家庭、教师、学生自身都有着密不可分的关系。

班主任是班级的主要管理者,在遇到突发事件后,应立即作出反应,运用科学的方法来处理。突发事件处理得当,将会迅速平息事端,化干戈为玉帛。使学生在事件处理中受到深刻的思想教育,促使学生的身心向健康的方面发展。事件处理成功,也会无形抬高了教师的威信,使学生心悦诚服,增进了师生的情感。如果不能正确科学地处理突发事件,不仅会导致原有的矛盾激化,师生关系受阻,还会导致新的矛盾的产生等。这样,老师的形象,学校的形象,甚至整个教育的形象都会受到损害。有的还可能会发生极端事件,酿成极其严重的后果。

(二)小学班级常见突发事件的类型

班级常见的突发事件纷繁复杂,多种多样。根据冲突的性质,可以分为以下几种。

1. 生生型——同学之间发生的突发事件

(1)吵架打架

在学校里,这种事情最为常见,往往由同学之间矛盾激化而引发。有发生在同班同学之间的,也有班级与班级之间的。既破坏学校秩序、扰乱班级稳定,又危害学生身心健康,需要引起班主任老师的高度关注。

(2)财物盗窃

这种事情多属于小偷小摸行为,害人害己。虽然属于少数学生所为,但问题既然出在学校,就需要学校加强班级管理,班主任老师要提高警惕。

(3)恶作剧

小学生因为身心年龄的不成熟、淘气、调皮、不懂事,往往容易做出戏弄同学、拿同学取乐或出气的事情。

2. 师生型——发生在师生之间的突发事件

(1)言语顶撞老师

课堂教学或者课外活动中,由于师生之间意见不合、教师对问题处理不当、不合学生的意愿而导致的学生情绪急躁,从而发生言语上的不尊重或者故意和老师顶嘴的现象。这类事件一旦发生,若不及时控制,很可能就会进一步造成师生关系紧张的结果。

(2)故意捉弄教师

在班级管理中,有些突发事件,不但事出突然,而且使人非常难堪,这类行为称之为恶作剧。例如,有些学生喜欢在课堂上、在背后偷偷模仿老师的动作,引起全班的哄堂大笑,哗众取宠;有的学生故意找很难的题目为难老师,让老师当众出丑;还有的学生故意在黑板上画老师的漫画或者是在讲台下面放东西,搞突然袭击,从中取乐等。

3. 亲子型——亲子之间发生的负面突发事件

(1)家庭变故

家庭成员意外伤亡、父母离异等非正常的、学生主观意愿难以左右的家庭结构变化,往往会使学生思想与学习上的负担加重、生活上遭受冲击、身心健康受到威胁,危害严重。

(2)家庭矛盾

家庭成员的不理解与加压,往往会使小学生本身就不成熟的身心受到"挤压"。随着矛盾的白热化,学生学习生活受阻,班级管理问题增多。

4. 家校型——家校之间发生的突发事件

这种冲突是指家庭与学校之间因沟通不畅而造成的冲突,包括语言暴力和肢体暴力。语言暴力就是用恶毒的、侮辱性的语言对别人进行人身攻击、侮辱和诽谤。肢体暴力一般是指对身体进行的直接攻击。这种冲突往往影响到小学生生活的顺利进展,扰乱了班级管理的正常运行。

5. 学生自身因素或其他无法预见的原因导致的突发事件

这类突发事件主要包括学生厌学辍学、离家或离校出走或者是无法预测的偶发性事件、意外受伤等现象。

逃学又称旷课,是指学生没有正当理由而拒绝上学。小学生中的逃学一般有两种:一是偶尔为之,二是反复长期的。逃学的学生一般是成绩较差者,没有学习的兴趣和目标。也有一部分是因为一些意外因素造成心理波动而产生逃学。

离家出走是指没有告知家长或者和学校请假,私自离开家庭或者学校。如果遇到以上的情形,班主任应该迅速调查和该生关系密切的同学,获得必要的线索,分析出走的原因和可能的行踪,立即通知家长和学校的领导。如果有可能,要速派人到学生可能去的地方寻找,争取尽快找到。

在班级管理中,有时候也会出现意想不到的特殊情况。例如,正在上课,教室里进来一只大黄蜂,惹得学生一片惊呼和失措,场面失控;有时还会遇到偶发的不可预测的灾难性事件,如火灾、地震等。如果遇到以上的情况,教师应以学生的安全为重,及时对学生进行安全转移和疏散,并维持好现场秩序。鼓励学生沉着、冷静,共同互救,与老师积极配合,千万不要慌张而出现踩踏或推挤现象。

二、班级突发事件的处理

(一)班级突发事件的处理原则

1. 冷处理原则

冷处理原则是针对班主任自身而言,是处理突发事件的基础和前提。在处理突发事件时,班主任不要急于表态和下结论,要注意弄清楚事情的来龙去脉,切不可盲目草率。尤其是在发生师生冲突时,要求教师要具有很高的教育修养和心理调控能力,要豁达、宽容,具有一定的忍耐力。

2. 随机应变原则

随机应变是指面对突发事件,班主任应该在第一时间内平息事端,让当事人冷静,为思考下一步的解决策略缓解时间。如果时间过于突然,无法应对时,也可采取转移话题,暂时回避的原则,等事情平息,再作出最后的处理。

3. 公平民主原则

公平民主原则是在处理学生与学生之间的冲突时必须要注意的。教师应该就事论事,以客观事实为依据,秉公处理,不要偏袒,不要用有色眼镜看待成绩落后的学生。在解决问题时,教师和学生的人格是平等的,不要用老师的身份去压制学生,而应该给学生留出思考的余地和对话的空间,让他流露出真实的想法。然后教师再根据具体的情况作出裁决和判断。

4. 总结引导原则

总结引导原则就是教育性原则,是处理突发事件的首要原则。处理突发事件的主要目的是教育学生,息事宁人。因此,班主任要本着解决问题为主,促进班级工作和学生身心健康发展为本的思想,去引导学生分析问题,寻找解决问题的契机。切记不要压制学生,不要怪罪学生,因为解决和处理突发事件本身就是一个教育过程,这和教育的本质并不违背。

(二)班级突发事件的处理策略

在班级管理过程中不可避免地会遇到各种突发性事件,从这种意义上,突发事件也有自己的规律可循。突发性事件的"诊断性思考"主要内容包括:善于观察,注重预感;搜集事实,分析隐藏因素;具体行动及保持弹性。

1. 善于观察,注重预感

在日常班级管理中,班主任要做个有心人,有敏锐的洞察力和直觉意识、问题意识,能对学生中出现的一些信息做出及时而有效的判断。如果发现学生的某些方面异常,班主任就应该根据自己的判断意识到可能出现的危机,并及时采取果断而有效的措施,做到防患于未然。当然,预感也不是凭空而来,而是基于班主任长时间的对班级的了解和熟悉,对班级工作的认真和负责,才会有这种对特殊讯息的逻辑推理。

2. 搜集事实,分析事件隐藏的原因

"突发事件"发生后,班主任要立即搜集事实,作出分析,尤其是参与事件的学生背景资料、心理道德状况、事件导火线等。具体可以从以下几点作出分析:①突发事件的主角是谁?平常的表现如何?②主角的动机是什么?③班级学生的反应如何?④突发事件和教师有何联系?⑤如果对事件处理,学生会有什么反应?⑥纠正行为发生以后,可能会对学生后来的行为产生什么影响?

3. 采取行动,保持灵活性

当基本弄清楚事件发生的事实、动机和隐藏因素后,就可以给自己提出一个解决问题的假设:提出一个解决的策略,效果如何?根据具体的效果调整对策或者是优化对策。针对班级突发事件的不同类型要采取不同的对策和措施。

(1)对一般突发性事件,当事人要说服为主,促成互相谅解

针对小学生看问题比较片面、好冲动的特点,要引导学生从不同角度和立场去看待问题,尽量引导学生设身处地站在对方的角度去体谅和理解。为了缓和事情,班主任可以暂时顺应双方,承认其合理的一面,等到气氛缓和,对方冷静下来以后,再引导学生说出各自的动机。在此基础上,进行逆向推理,使其认识到自己的问题,不再责怪对方,为后续调节创造心理条件。

(2)对于吵嘴、打架等小事件的处理要因事因人而采用不同方式

吵嘴、打架的原因各不相同,班主任要采取不同的处理方式:以大欺小,以强欺弱者,班主任要严肃批评教育,责令其改正;对于保护弱小,主持公道打架的学生要给予肯定的同时指出合理的解决方式;对于因被打而反抗的学生,班主任要据情作出处理。总之,班主任一定要客观公正,秉公处理。切不可"一刀切""各打五十大板"。

(3)集体问题,当场处理

有些突发事件会牵涉到班级很多学生,如上课时很多同学在做和上课无关的事情,致使课堂秩序混乱,无法进行下去。此类事件,教师要当场对全班同学进行处理教育。特殊情况下,可以找出带头的学生做出处理。

(4)局部或者是个别问题,要大事化小,小事化了

有些突发事件出现在局部或者是只影响到少数学生,一般只要做个别处理就可以了。当学生个体的违纪行为没有影响到其他同学时,教师可采用暗示方法,如走到一位正偷看小人书的学生跟前,轻轻地咳嗽一声,或者轻轻敲一下其课桌。这样,学生自然"心领神会",便会自动放下小人书,投入学习中。此外,教师还可以用眼神、动作和表情示意,也可以用提问等方式,提醒学生注意自己的行为。

(5)师生冲突,沉着冷静

当师生之间因为小事引发争执甚至冲突时,教师要冷静处理,保证正常的上课秩序,在调查了解的基础上,作出善后处理。处理这类事件,班主任要注意方式方法,不要让学生觉得自己受了委屈,也不能让其他学科教师感觉教师偏袒学生。总之,班主任处理突发事件并没有包治百病的药方,主要靠教师对学生的信任、尊重感,友好和冷静的态度以及熟练的教学经验。

参考文献

[1]黄云峰,姚翠薇,杨军.小学教育管理[M].成都:电子科技大学出版社,2019.04.

[2]吕天.小学教育理念与教学管理[M].延吉:延边大学出版社,2019.07.

[3]冉嘉洛,贺雪萍.小学教育学[M].长春:东北师范大学出版社,2019.01.

[4]苏洵.小学教育学[M].镇江:江苏大学出版社,2019.10.

[5]胡淑英,马勇,杨艳华.中小学教育管理与课堂提问的有效性[M].南京:江苏凤凰美术出版社,2018.06.

[6]朱宛霞.中小学班级管理[M].昆明:云南美术出版社,2018.09.

[7]韩苏曼,沈晓燕.学前与小学教育教学实践案例[M].苏州:苏州大学出版社,2018.10.

[8]史小力.教育学[M].南昌:江西高校出版社,2018.01.

[9]王贞惠,刘晓玲.小学教师专业能力训练[M].成都:西南交通大学出版社,2018.03.

[10]童旭光.教育管理案例研究[M].北京:北京理工大学出版社,2018.11.

[11]赵德丽,商林娜,李东红.小学班主任工作与班级管理艺术[M].延吉:延边大学出版社,2018.06.

[12]莫莉.小学语文教育教学知识与能力[M].昆明:云南科技出版社,2018.11.

[13]郑毅,王玲,林霞.中小学心理健康教育研究[M].延吉:延边大学出版社,2018.09.

[14]刘华锦.小学校长领导力研究[M].成都:电子科技大学出版社,2018.12.

[15]白雅娟.小学创新教育实践研究[M].长春:东北师范大学出版社,2017.09.

[16]张文京.特殊教育班级管理与建设[M].重庆:重庆大学出版社,2017.08.

[17]张光斗,张英,张立华.中小学教育实践探索[M].成都:电子科技大学出版社,2017.03.

[18]黄瑜,贺磊,黄文华.中小学精细化管理[M].徐州:中国矿业大学出版社,2017.12.

[19]段志忠,邹满丽,滕为兵.教育管理与学生心理健康[M].长春:吉林人民出版社,2017.07.

[20]吴旭平.基于中小学教师资格考试的教育学[M].西安:西安交通大学出版社,2017.12.

[21]张东良,周彦良.教育学原理[M].北京:北京理工大学出版社,2017.07.

[22]白秀杰,杜剑华.教育学[M].北京:首都师范大学出版社,2017.06.

[23]刘学智,李林.教育学[M].武汉:华中师范大学出版社,2017.08.

[24]张冬倩.小学教育与管理研究[M].北京:现代出版社,2020.08.

[25]傅建明.小学教育基础[M].上海:复旦大学出版社,2020.04.

[26]张应成,游涛.小学教育学[M].长沙:湖南大学出版社,2020.08.

[27]薛萍,杭元康.小学本真教育校本化探索与实践[M].重庆:重庆大学出版社,2020.05.

[28]周俊.教育管理案例教学[M].杭州:浙江大学出版社,2020.03.

[29]张华.小学综合实践活动[M].重庆:西南师范大学出版社,2020.08.

[30]李纯,杜尚荣.小学教育专业学位研究生教学案例集[M].福州:福建教育出版社,2020.06.

[31]周可桢,吴回生.新编教育学基础[M].厦门:厦门大学出版社,2020.07.